Breve historia de las islas Malvinas

Federico Lorenz

Breve historia
de las islas Malvinas

sb

Madrid • Buenos Aires • México • Bogotá • Quito • Lima • Santiago • Montevideo • Asunción

Lorenz, Federico
   Breve historia de las islas Malvinas / Federico Lorenz. - 1a ed.
- Ciudad Autónoma de Buenos Aires : Sb, 2025.
   128 p. ; 23 x 16 cm.

   ISBN 978-631-6680-05-1

   1. Islas Malvinas. 2. Historia Argentina. I. Título.
   CDD 982

ISBN: 978-631-6680-05-1
Primera edición, abril 2025

Director: Andrés C. Telesca (andres.telesca@editorialsb.com)
Diseño de cubierta e interior: Cecilia Ricci (riccicecilia2004@gmail.com)
Corrección: Marjorie Flores

Índice

Dedico este libro a mi admirada colega
y querida amiga,
Silvina Jensen.

El pasado es un inmenso pedregal que a muchos les gustaría recorrer como si de una autopista se tratara, mientras otros, pacientemente, van de piedra en piedra, y las levantan, porque necesitan saber qué hay debajo de ellas.

José Saramago, *El viaje del elefante.*

Morder los frutos rojos

Había una vez unas islas en el extremo sur del continente americano, frente a la Isla Grande de Tierra del Fuego, muy cerca de la Patagonia continental y muy lejos de Europa. Hasta donde sabemos, estuvieron deshabitadas hasta que en el siglo XVI marinos europeos de diferentes reinos llegaron a ellas. En su competencia por hacer avanzar las fronteras de los mapas, hallar nuevas rutas y un paso entre los océanos Atlántico y Pacífico, encontraron que ese territorio inhóspito, ventoso y frío, sin árboles, no solo era un buen refugio antes de intentar continuar sus travesías, sino un lugar de grandes riquezas naturales, sobre todo en tiempos en los que la caza de lobos, focas y ballenas, así como la pesca, era un gran negocio.

Desde el instante en que los europeos avistaron las islas Malvinas, y luego intentaron explorarlas y habitarlas, comenzaron las disputas por ellas. Españoles, franceses, ingleses, argentinos y estadounidenses se consideraron con derechos sobre el archipiélago batido por el viento. Hubo incursiones, cañoneos, apresamientos y matanzas, una gran batalla naval en 1914 entre alemanes y británicos, y una guerra dolorosa (todas lo son, pero el sinsentido agiganta algunas) en 1982 entre argentinos e ingleses, en la que vencieron estos últimos.

Para los argentinos, las islas se llaman Malvinas y recuperarlas es una causa nacional. Para los ingleses y los actuales habitantes, las islas se llaman Falklands. Argentina reclama a Gran Bretaña que acate las resoluciones de las Naciones Unidas y se siente a negociar, con el fin último de lograr la restitución del archipiélago, que esa potencia ocupa desde 1833. En ese año, en enero, un barco de guerra británico obligó a las autoridades nombradas por el gobierno de Buenos Aires a arriar su bandera y regresar al Río de la Plata.

Hagamos un ejercicio. Seguramente, si en cualquier lugar de la Argentina que estemos le preguntamos a bocajarro a la gente qué asocia a *Malvinas*, responderá algo relativo a la guerra de 1982. Es lógico: fue hace muy poco, y aún hoy no encontramos explicaciones completas o satisfactorias para lo que sucedió, y el cementerio de guerra está allí para recordarnos el costo de una aventura militar.

Pero, además de una guerra –y de los incidentes políticos que en el pasado llevaron a ella, que organizan las agendas de las naciones o las fechas que eligen recordar–, en las islas sucedieron muchas cosas más. Y entre las islas y el continente, también. Hubo emprendedores de diferentes naciones que buscaron instalarse allí, como el explorador francés Louis Antoine de Bougainville, el comerciante hamburgués Luis Vernet o el también comerciante Samuel Lafone, inglés radicado en Montevideo, quienes trasladaron ganado, llevaron a gauchos duchos en las tareas del campo y fletaron barcos para que transportaran a Malvinas leña desde la isla de los Estados, con la que construyeron sus casas y herramientas. Hay historias de ida y vuelta entre Malvinas y el continente, como la de los misioneros que salieron de la isla Keppel (al oeste de la isla Gran Malvina) rumbo a Tierra del Fuego, que la literatura narró. Y, además, las Malvinas están impregnadas de la historia asociada a la marinería, a las arriesgadas travesías para pasar el cabo de Hornos, a los viajes a la Antártida, y también al contrabando y a la caza de restos de naufragios. Port Stanley (los argentinos lo rebautizaron Puerto Argentino en 1982, durante la guerra) es un puerto donde generaciones de marineros de todas las naciones, como escribió Alejandro Winograd, atracaban cada tanto a secarse los pies. Julio Verne podría haber ambientado allí su *Faro del fin del mundo*.

Es decir que, más allá del conflicto diplomático (y a pesar de él), de las ideas enfrentadas sobre la soberanía de las islas Malvinas/ Falklands, hay una historia en común entre el archipiélago y el continente, entre argentinos y malvinenses. Solo que es muy difícil pensarla así. Es difícil por el dolor de una guerra, por las formas agresivas en las que Gran Bretaña ha incidido en la historia de países como la Argentina y, también, por cómo hemos aprendido la historia en la escuela, en las calles, a uno y otro lado del Atlántico. Generaciones de argentinos aprendimos que "las Malvinas fueron, son y serán argentinas" sin preguntarnos muy bien por qué.

Hemos aprendido mucho más a pensar las cosas a partir de las diferencias y las divisiones, a partir de la historia de una usurpación, que de la historia que las Malvinas comparten con la Argentina. Algunos podrán reaccionar: "Pero, ¡qué dice este tipo! ¡Si son parte de la Argentina!". Este libro no cuestiona esa idea, pero sí propone que quienes así lo creen se pregunten con más elementos qué significa que "las Malvinas son argentinas". Este libro se refiere, sobre todo, a la actitud intelectual que implica pensarlas solamente como robadas, como ausentes; es improductiva y ahistórica, como si desde 1833 hasta el presente no hubiera habido una cantidad de lazos (geográficos, económicos, humanos) entre las islas y el continente.

Durante muchos años, la mayoría de los investigadores argentinos hemos dedicado muchos más esfuerzos a demostrar que las Malvinas son argentinas que a estudiar y entender su historia. Esto se debe, también, a que investigar sobre el archipiélago se parecía al abogado que busca elementos de prueba para sostener su caso. En muchas ocasiones, nos hemos olvidado de que la Historia busca comprender y explicar, pero no necesariamente demostrar. Tampoco es cuestión de cargar excesivamente sobre los historiadores, que no son ni tantos ni tan influyentes: en definitiva, lo que ha sucedido es que un sentido común nacional fuertemente arraigado pesó y pesa también sobre ellos.

¿Qué pasaría si miráramos las cosas de otro modo? ¿Qué sucedería si una historia que estamos acostumbrados a pensar como una discordia, algo así como la guerra de Troya, la estudiáramos a partir de los puntos en común? ¿Nunca hubo conversaciones entre los aqueos y los troyanos, antes o después de los ataques, durante el sitio de diez años? ¿No se conocían algunos de ellos antes de que Paris quedara embobado con Helena y se la robara, y llevara la tragedia a su ciudad?

No sirve hacer Historia contrafáctica (¿*Qué hubiera sucedido si…?*), porque los historiadores analizan lo que sucedió, no lo que nos hubiera gustado que sucediera. Pero, por eso mismo, estoy seguro de que vale enormemente la pena hacerle nuevas preguntas a ese pasado, porque las personas somos lo que elegimos recordar. Sobre todo, porque estudiar Historia es una herramienta formidable para imaginar el futuro. Así fue como una forma de vernos como nación nos llevó a la guerra, porque aprendimos que las Malvinas son tan importantes que valía la pena morir por ellas. Fue una dictadura la que desencadenó la guerra. Pero hoy vivimos en democracia y el país que reclama las Malvinas es/debería ser otro, y con valores distintos.

Desde la perspectiva de los argentinos, autopercibirnos como despojados y saqueados tiene consecuencias a la hora de imaginar nuestras relaciones con los isleños. Los vemos sencillamente como "ingleses", como "usurpadores", sin considerar que muchos de ellos descienden de familias que viven en las islas desde mucho antes que el Estado argentino alcanzara su actual extensión territorial (mi abuela materna era criolla, pero su marido llegó desde Italia en 1910; mi abuelo paterno llegó a Buenos Aires desde Alemania en 1930 y aquí conoció a mi abuela, valenciana). Los isleños, antes que ingleses, son "malvinenses", tanto como un argentino puede ser "cordobés", "puntano", "correntino" o "fueguino". Es más, los malvinenses comparten gran cantidad de rasgos de su vida cotidiana con los argentinos patagónicos. Al mismo tiempo, desde el año 1982 la composición de la población en las Malvinas ha cambiado mucho, aunque cuantitativamente prácticamente no crece.

Por su parte, los isleños, los *kelpers*, han aprendido durante décadas a recelar de la Argentina. Se sienten amenazados por los argentinos y pueden recordar que en 1982 esa amenaza se hizo realidad. Y los británicos… Bueno, los británicos, aunque el tiempo haya pasado, siempre han actuado por estos lares como el imperio que fueron y aún creen que son. Han explotado e impulsado las divisiones entre las naciones sudamericanas, han usufructuado nuestros recursos, han apoyado golpes y dictaduras, han pedido represiones. Esa es una forma de ver la historia, que se corresponde con el gran relato político de los acontecimientos. Pero hay otra, que nos obliga a ver que "los ingleses", "los gringos", también han llegado a cada rincón de este continente y de muchos otros como pioneros, médicos, abogados o forajidos. Cruzaron los Andes con San Martín, algunos se instalaron pacíficamente en la Patagonia, tanto como otros salieron a cazar aborígenes. ¿Qué hubiera sido de la historia de Ushuaia, esa ciudad tan argentina, sin Thomas Bridges, ese inglés que llegó como misionero desde… ¡Malvinas!?

¿Qué cambiaría si narráramos la historia teniendo en cuenta estas cosas? Este libro está escrito, sobre todo, pensando en los argentinos y los malvinenses, que tienen tanto en común a pesar de lo que les enseñan sus escuelas y sus mayores, de lo que sale en los diarios, de lo que recuerdan por las noches. Es, si se quiere, un libro ingenuo; cree que ver las cosas de una manera diferente puede ayudar a pensarlas distinto. Esto debería interesarnos a todos los que vivimos por esta parte del mundo. Al menos porque, aunque no compartamos las mismas ideas sobre la soberanía de algunos territorios, sí, en cambio, compartimos las consecuencias de la depredación o el mal uso de ellos.

Es decir, desde la perspectiva de los argentinos, considerar una historia en común con las islas, probablemente, nos llevaría a defender de otra manera nuestros derechos y no a olvidarnos de ellos. Seguramente haría que los habitantes de las islas pensaran en los argentinos de otra forma. Por eso, este libro imagina la historia de Malvinas por encima de las historias nacionales: a partir de sus preguntas y su información, plantea la historia de un archipiélago en el Atlántico Sur, de una manera lo más despojada de opinión posible, aunque no neutral. Porque me interesa especialmente llamar la atención sobre el efecto que pensar las cuestiones asociadas a Malvinas han tenido sobre mi país. Como un bajo continuo, en este libro Malvinas es la excusa para pensarnos como sociedad, para reflexionar sobre las formas en las que nos relacionamos entre nosotros y con los demás.

Conviene reiterar que esta no es una historia exhaustiva de las islas, que ya las hay, sino que se propone ofrecer la información básica para comprender la historia del archipiélago y señalar algunas consecuencias que ha tenido para nuestra sociedad pensar las islas solamente como un territorio usurpado, congeladas en el tiempo desde 1833, de regreso brevemente, como un relámpago, en 1982, para causarnos una herida cuya profundidad aún no medimos.[1]

En Malvinas no crecen árboles. El viento no lo permite. Pero sí crecen distintos tipos de pastos, hasta los altísimos y espesos *tussacs* –que solamente subsisten en algunas islas alejadas–, algunas cortaderas, musgos y varios tipos de arbustos. Uno de ellos –que también crece en el continente, en la Patagonia, donde lo llaman *murtilla* o *uvilla*– da unos frutitos rojos de sabor agridulce. Los isleños hacen dulce con ellos y al arbusto lo llaman *diddle dee*. Cuentan que, si alguien, de visita en las islas, prueba los pequeños frutos rojos (son bastante amargos), volverá a ellas. Yo he tenido la suerte de estar tres veces en las Malvinas. En mi segundo viaje, como ya conocía la leyenda, me aseguré el regreso mordisqueando las bolitas de murtilla.

Ojalá este libro los atrape como ese paisaje maravilloso, cargado de leyendas e historias que van y vienen como el viento y el mar.

Como si hubieran mordido, también, los frutos rojos.

F. L.

---

1 En esta obra he optado, en beneficio de la narración y la argumentación, por no incluir notas al pie. Los lectores interesados encontrarán una bibliografía recomendada al final del libro.

¿Y qué hay ahí?

En ocasiones, en alguna charla en una escuela, o en un evento social, cuando cuento que he estado tres veces en las islas Malvinas, veo caras de perplejidad, como si en vez de referirme a un archipiélago ubicado a unos 700 kilómetros del continente sudamericano, me refiriera a Marte, o a la isla de *Lost*. Más allá de la remisión automática a la cuestión de la guerra, creo que se debe a la falta de información acerca de sus características, de sus posibilidades como lugar turístico. Caras de algo así como "¿De verdad fuiste ahí?", o, más frecuentemente, "¿Y qué hay ahí?". Ante la respuesta afirmativa, hay que empezar a explicar algunas cuestiones básicas, como, por ejemplo, que en las islas el sol realmente quema peor que en los balnearios de la costa atlántica y que hay que salir con filtro solar. Es un lugar que muchos sienten como muy propio, pero del que saben realmente poco, en un fenómeno característico de un país joven, extenso y diverso como es la Argentina, pero que se agrava en este caso por la disputa diplomática. Parecería que con las Malvinas nos alcanza con *saber que nos faltan*.

El archipiélago de Malvinas está ubicado sobre la plataforma continental sudamericana, en el extremo sur del continente. Está compuesto por dos islas principales y unas doscientas islas menores. Las dos más grandes son Gran Malvina y Soledad (llamadas respectivamente West Falkland y East Falkland en inglés). La silueta inconfundible de ambas revela una costa irregular, con numerosas entradas resguardadas que ofrecen puertos naturales, pero también acantilados y puntos inaccesibles. De manera satelital, las dos islas principales están rodeadas por unas doscientas islas e islotes menores.

Las Malvinas están ubicadas a menos de 700 kilómetros del territorio continental sudamericano y a casi 350 kilómetros de la isla de los Estados. Más sencillamente, a menos de 700 kilómetros de la Argentina, que reclama su soberanía desde 1833, y a más de 14.000 de Gran Bretaña, para la cual constituye uno de sus territorios de ultramar.

El paisaje insular es ondulado, con cerros bajos, de aspecto muy parecido al de Traslasierra, en Córdoba, o al de Tandil, al sur de la provincia de Buenos Aires. Sin embargo, son alturas mucho más bajas, que no superan los 300 metros, como en el caso de los montes Kent y Wall. Y ahí terminan las comparaciones: los páramos malvinenses están regularmente batidos por el viento, en general del Oeste al Este. Esos páramos son muy parecidos a la parte Norte de la Isla de Tierra del Fuego. El clima malvinense es subpolar, con gran influencia del mar. Hay temperaturas muy frías en el invierno, cuando además las horas de luz diurna se acortan a unas seis. Sin embargo, el clima es agradable en primavera y verano. Los lugareños aconsejan, para las largas caminatas, vestirse "a lo cebolla", debido a que en una hora se puede "gozar de los cuatro climas", debido precisamente a la fuerza de los vientos.

En Malvinas no hay árboles autóctonos (y los importados son muy pocos). Al mismo tiempo, muchas de las casas allí tienen invernadero, donde los isleños cultivan desde flores hasta verdura fresca. La flora local son los pastos, algunos arbustos bajos, musgos y líquenes. La fauna marina es riquísima. En el pasado atrajo a pescadores, balleneros y loberos, lo que generó una terrible depredación. Actualmente, es una fuente de recursos turísticos para las islas, ya que llega gente de todo el mundo para observar las colonias de pingüinos, lobos y elefantes marinos, así como a las ballenas, las orcas y los delfines. El resto de los animales en Malvinas son importados, notoriamente en el caso de las ovejas y caballos; y, en mucha menor medida en el presente, el ganado vacuno.

Para observar las colonias de fauna marina o recorrer los distintos paisajes, hay que moverse mucho, lo que se dificulta por la topografía malvinense. Sin embargo, las islas cuentan con un buen sistema de comunicación terrestre (que mejoró notablemente después de 1982), por *ferry* y aéreo. La mayor parte de la población es de origen británico, aunque la colonia de otras nacionalidades, especialmente chilenos y santaelenos, ha crecido mucho. Los habitantes de las islas Malvinas son menos de 3.000, la mayor parte residentes en Port Stanley, la capital. Desde la guerra de 1982 hay una base militar (Mount Pleasant), cuya guarnición, de unos 3.000 militares y medio millar de civiles, es tan numerosa como la población malvinense.

2

Pero *¿quiénes* las descubrieron?

Durante muchos años, los principales esfuerzos de los historiadores pasaron por probar quién había sido el primero en avistar las islas Malvinas. Algunos de ellos, sobre todo británicos y argentinos, quisieron aportar los mejores títulos históricos para sus respectivas posiciones, y la cuestión del descubrimiento y ocupación era central. Pero, en general, es un tema difícil. La precariedad de medios, la imprecisión de las mediciones de posición o, simplemente, la destrucción o el borramiento de evidencias dificultan esa "carrera" por "cantar pri".

De todos modos, hay numerosas certezas. La primera es que las islas Malvinas ingresaron en la historia de Occidente como consecuencia de la expansión ultramarina europea. En ese proceso secular, los portugueses y los españoles llevaron la vanguardia. A partir de la llegada de Colón al continente americano, comenzó una competencia que tuvo numerosos frentes: por las riquezas, por las tierras y por las rutas. En 1494, el tratado de Tordesillas dividió el mundo por descubrir y ocupar entre ambas potencias. La búsqueda de un pasaje interoceánico (Vasco Núñez de Balboa atravesó el istmo de Panamá y llegó al océano Pacífico, al que bautizó *mar del Sur*, en 1513) impulsó a marinos de distintas naciones. De a poco, se agregaron competidores a esa "carrera oceánica": holandeses, ingleses, franceses y estadounidenses, que desplazaron a los pioneros ibéricos.

Todas estas naciones tuvieron que ver con la historia de las islas Malvinas.

Lo más probable es que los primeros europeos en avistar el archipiélago fueran los de la expedición española de Hernando de Magallanes, la primera en dar la vuelta al mundo. En 1520, este marino portugués al servicio de España pasó el invierno en San Julián, (provincia de Santa Cruz, Argentina) y desde allí envió a explorar a una de sus naves, al mando de Jerónimo de Guerra, con Esteban Gomes como piloto. Ambos también eran portugueses. Descubrieron unas islas a las que llamaron *de Sansón*, tal vez evocando al gigante bíblico y los enormes "patagones" que habían visto en el continente, o porque ese día era el día de san Sansón, un obispo francés del siglo VI. Gomes desertó y regresó a España.

El archipiélago figura con ese nombre en numerosos mapas antiguos, entre ellos el *Yslario general de todas las yslas del mundo*, publicado en 1541 y en el que también aparece por primera vez Buenos Aires. En otro mapa, de 1586, *Le grand insulaire et pilotage*, figura un mapa de las "islas de Sansón" o "de los Gigantes", con un comentario: "Los primeros que pusieron pie en estas islas fueron portugueses, que acompañaban a Hernando de Magallanes en su viaje".

En 1592, el inglés John Davis avistó las islas. En su relato, publicado en 1600, cuenta que fue arrojado por una tormenta a unas islas que "nadie había descubierto". Ese mismo año, los holandeses, al mando de Sebald de Weert, realizaron el único descubrimiento que nadie pone en duda. El vigía de su nave, el *Geloof*, señaló "tres islotes a estribor", en los que vieron numerosos pingüinos.

En 1690, el inglés John Strong fue el primero en desembarcar en las Malvinas (aunque hay quienes señalan que antes hubo un francés). Al estrecho que separa las islas mayores lo bautizó *Falkland*, nombre que se hizo extensivo al archipiélago. En 1711, la presencia francesa en la región de las Malvinas era importante. Amedée François Frézier realizó prospecciones y un mapa muy detallado. Muchos de los franceses que llegaron al archipiélago venían de un puerto, Saint-Malo, y los llamaban *malouines*, un nombre que haría historia.

3

Cuestión de nombres

Es evidente que, digamos *islas Malvinas* o *Falkland Islands*, nos referimos al mismo archipiélago austral. Inclusive, a la misma historia, aunque narrada, aprendida y apropiada desde lugares diferentes. La toponimia de las islas dice mucho acerca de la historia política de la región. Expresa los deseos y sueños de los exploradores y colonos, o simplemente la necesidad de agradecer favores o quedar bien, como en el caso de quienes bautizaron rocas o islas con el nombre de sus benefactores. En las Naciones Unidas se usa la denominación *Malvinas/Falklands* para los documentos en castellano y *Falklands/Malvinas*, si están en inglés. En nuestro idioma, llamamos a las dos islas mayores: *isla Gran Malvina* (al Oeste) e *isla Soledad* (al Este). En inglés se llaman *West Falkland* y *East Falkland*, respectivamente.

En cuanto a la capital de las islas, es tal vez más complicado. Los franceses fundaron una localidad llamada *Port Louis*, que al ser entregada a la Corona española cambió su nombre por el de *Puerto Soledad*, para volver a ser *Puerto Luis* durante la presencia criolla. Cuando los ingleses ocuparon las islas en 1833, trasladaron la capital a un nuevo asentamiento, que bautizaron *Port Stanley*, y que es la actual capital del archipiélago. Eso, desde la perspectiva británica e isleña, pues desde el punto de vista argentino, las Malvinas son parte del territorio de la provincia de Tierra del Fuego, o sea que la capital de las islas es Ushuaia.

Durante la guerra, en 1982, la dictadura militar argentina rebautizó a Port Stanley como *Puerto Argentino*. Tras la rendición argentina, la población recuperó su antiguo nombre, salvo para los habitantes de la nación sudamericana derrotada. Pero por un breve lapso se había llamado *Puerto Rivero*, en homenaje a un gaucho que protagonizó algunos incidentes confusos que muchos tienden a ver como un gesto de rebeldía ante los ingleses (como veremos más adelante). Fue una iniciativa instalada por el director del diario *Crónica*,

Héctor Ricardo García, quien viajó en 1966 con un grupo de militantes en un avión que, secuestrado, aterrizó en las islas para reivindicar la soberanía argentina. Ellos fueron los primeros en llamar así a la localidad. Los militares no podían aceptar ese nombre, entre otras cosas porque desde que habían llegado al poder, en 1976, venían persiguiendo a muchos militantes que compartían la ideología de los que habían secuestrado el avión.

Llamamos *Malvinas* a las islas debido a sus primeros pobladores permanentes, que además como marinos las visitaron con regularidad: los franceses de Saint-Malo, que las llamaron *Malouines*. Por deformación, los españoles las llamaron *Maluinas* y *Malvinas*. Según Paul Groussac, "la Guía de Forasteros del Virreinato del Río de Buenos Aires para el año de 1803 escribe aún *Maluinas*, pero la forma *Malvinas* se hace general desde los primeros años de la Independencia". Los ingleses las llaman *Falkland* desde el viaje de John Strong, quien bautizó así al estrecho (y por extensión al archipiélago) que los españoles llamaron *de San Carlos*. Ambos nombres ya eran corrientes en el siglo XVIII. Algunos creyeron, hasta hace un tiempo, que el nombre se debía al castillo de Falkland, en el condado escocés de Fife.

En varios mapas del siglo XVI que se conservan en lugares tan diferentes como las bibliotecas nacionales de París y Montevideo y el palacio Topkapi en Estambul, las islas Malvinas aparecen como *islas de los Patos, de Sansón y de los Gigantes*. Otras variantes, que pueden ser errores al copiar, hablan de *los Palos* y *San Son*. Todos los nombres remiten a distintos avistajes consignados en los mapas y tienen que ver con aves descritas por los navegantes (¿avutardas?, ¿gaviotas?, ¿pingüinos?), con los mitológicos "patagones" que habitaban el continente o con un santo (san Sansón, que había convertido a los bretones al cristianismo).

Durante un tiempo, algunos llamaron a las Malvinas *Pepys' Islands*, por obra del *Diario* escrito por Samuel Pepys, un catálogo de acontecimientos extraordinarios de la Inglaterra del siglo XVII. Tan extraordinarios que Pepys dio por verdadero el hallazgo ficticio que le había descrito un marino inglés llamado William Ambrose Cowley. Pepys' Island llegó a figurar en un mapa del mundo publicado en 1686 por el astrónomo Edmond Halley.

4

La "raya" no importa

Desde fines del siglo XVIII, los británicos desarrollaron planes para apoderarse de las colonias españolas de América del Sur. Se conocen los de Nicholas Vansittart (1796) y Thomas Maitland (1800). En ambos casos, el objetivo era hacerse con las riquezas del Virreinato del Perú. El primero de ellos recomendaba tomar Buenos Aires y asegurar el control del cabo de Hornos (lo que involucra a las islas Malvinas). El de Maitland, como se ocupó de investigar Rodolfo Terragno, resultará más familiar a los argentinos. También proponía controlar Buenos Aires, pero, en cambio, recomendaba el cruce de la cordillera de los Andes…, acción que realizaría José de San Martín en 1817. Un tercer plan, el de Robert Crauford, fracasó en 1807, en lo que conocemos como *segunda invasión inglesa* a Buenos Aires.

Como vemos, el interés británico por las zonas australes se concretó en un esfuerzo sistemático por el control estratégico de la región, que se materializaría en la ocupación británica de Malvinas en 1833, tras los intentos fallidos de tomar Buenos Aires en 1806 y 1807. De esta manera, hacia mediados del siglo XIX, los británicos se habían apoderado de numerosos enclaves que les garantizaron el dominio del mar de manera ininterrumpida hasta 1914. Destruidas las flotas francesa y española frente al cabo Trafalgar (1805), podemos seguir un proceso multisecular en el planisferio: Ciudad del Cabo (1806), Mauricio (1810), islas Marquesas (1827), Nueva Zelanda (1840) y Hong Kong (1842) son algunos de los nombres que marcan ese proceso. Algunos fracasos militares, como en 1806 y 1807 en el Río de la Plata, no los frenaron.

Era un proceso antiguo. En paralelo a la expansión colonial española y la conquista de los dos grandes imperios americanos, el azteca y el inca, los ingleses buscaron la forma de apropiarse de esas riquezas, para lo que inicialmente desarrollaron una importante fuerza naval, cuyo principal objetivo era el de hostigar y saquear a las naves españolas, que llevaban sus cargamentos a

España mediante el sistema de flotas y galeones, que transformó al istmo de Panamá y al puerto del Callao (Perú) en lugares estratégicos (e inatacables). En esas expediciones, oficiales o no, se fueron acercando al cabo de Hornos. Y llegaron a las islas Malvinas.

En 1690, el inglés John Strong desembarcó en Port Howard (actual isla Gran Malvina) y navegó por el estrecho que separa a las dos islas mayores, Gran Malvina y Soledad. Lo bautizó *Falkland Sound*, en homenaje al primer lord del Almirantazgo, que había financiado su expedición. Con el paso del tiempo, ese nombre se haría extensivo al archipiélago que en español conocemos como *Malvinas*.

En 1739, el marino George Anson fue enviado al Atlántico Sur para doblar el cabo de Hornos y atacar los barcos y posesiones españoles con motivo de la Guerra de la Oreja de Jenkins. Fruto de sus peripecias, concluyó en la necesidad de un fondeadero antes de pasar al Pacífico y que ese lugar estaba en las islas Malvinas. Publicó de esta manera su recomendación: "Las islas Malvinas han sido vistas por numerosos navíos franceses e ingleses; Frezier las ubica en su carta del extremo de América meridional, llamándolas Islas Nuevas. Wooden Rogers, que seguía la costa nordeste en 1708, nos dice que ellas se extienden sobre una longitud aproximada de dos grados y ofrecen tierras onduladas de apariencia fértil, sembradas de bosques [sic] y donde no faltan buenos puertos. Por su distancia del continente y su latitud, estas islas deben gozar de clima templado. Cierto que son aún poco conocidas para ser, desde ahora, recomendadas como lugares de refresco, pero si el Almirantazgo juzgase oportuno hacerlas explorar, podría conseguirlo en pocos gastos, enviando solamente un barco adecuado para el examen que propongo".

Anson se hizo famoso, llegó a ser miembro del Parlamento y primer lord del Almirantazgo. Sus recomendaciones dejaron huella. En 1764, John Byron (el abuelo del poeta), que lo había acompañado en su expedición al Perú, logró autorización del rey Jorge III para poblar las islas. La rueda estaba en marcha. En 1774, el jesuita Thomas Falkner escribió: "el país entero está sin más defensa que un poco de tropa veterana en Buenos Aires y Montevideo; y bastaría tomar estas dos plazas para que todo el país se sometiera con solo hacer un paseo militar por él". Publicada como un folleto que alcanzó gran difusión, su *Descripción de la Patagonia y de las partes contiguas de la América del Sur* fue un suceso en Inglaterra por llamar la atención sobre esas regiones, y un toque de alarma para los españoles. Era el tono de lo que vendría.

5

Zona de balleneros, pescadores y loberos

Muchos de los lectores deben de haber disfrutado las páginas de *Moby Dick*, de Herman Melville. Allí leemos la historia del viaje fatal del *Pequod*, un barco ballenero que sale de la isla de Nantucket, en el Atlántico Norte, a la caza de una ballena blanca de la que todos han oído hablar y a la que el capitán, Ahab, quiere matar. La novela recupera uno de los episodios más formidables y también más sangrientos de la expansión humana por el globo: la extensión del mundo conocido de la mano de la búsqueda de presas económicamente rentables como las ballenas, los lobos y los elefantes marinos.

Cuando comenzó la caza sistemática de cetáceos, quienes la practicaban tenían abundantes presas en los mares del Norte, pero debido al exterminio tuvieron que extender sus expediciones cada vez más al Sur. De esta manera, los barcos balleneros llegaron a Malvinas a finales del siglo XVIII. Antes, su presencia ya había sido advertida por las autoridades españolas del Río de la Plata. En 1745, enviaron una nave, la *San Antonio*, para ahuyentar a los balleneros y loberos extranjeros. Pese a sus informes entusiastas acerca de las posibilidades de la caza de ballenas y lobos y elefantes marinos, las recomendaciones tuvieron escasa repercusión. Mientras los ingleses y estadounidenses extendían sus actividades por el litoral patagónico, los españoles realizaron algunos intentos para aprovechar esos recursos. Intentaron establecerse en la actual península Valdés y crearon la Real Compañía Marítima, que desarrolló actividades desde las costas de Uruguay hasta, se supone, las Georgias. Grytviken, en la isla San Pedro, recibe su nombre de las ollas españolas para fundir la grasa halladas allí a principios del siglo XX por la expedición de Otto Nordenskjöld.

Las islas Malvinas fueron clave para los marinos dedicados a la caza, no solo por la población de ballenas en las aguas circundantes, sino también por las colonias de lobos y elefantes marinos. Además, el archipiélago era una escala de estas expediciones rumbo a otras aguas, pero también un sitio donde procesar las piezas capturadas. Un viaje de este tipo podía durar varios años: el negocio era regresar con las bodegas llenas de cueros (en el caso de los lobos) o aceite (en el caso de las ballenas y elefantes marinos).

La presencia de naves dedicadas a estas actividades en Malvinas está registrada desde 1774. Eran, sobre todo, estadounidenses (a partir de su independencia en 1776), seguidos por ingleses y franceses. Más allá de las disputas nacionales por las tierras que se descubrían, los capitanes de estos barcos tenían conocimiento de puntos de anclaje adecuados, playas donde los lobos y elefantes marinos formaban colonias y donde ellos podían esperar una buena caza… Y ese conocimiento y expansión informales fueron en paralelo a la ocupación de los nuevos territorios por las monarquías europeas.

Se calcula que en tiempos de la presencia española y, luego, entrado ya el siglo XIX, unos sesenta barcos dedicados a estas actividades navegaban desde Estados Unidos y Gran Bretaña a las aguas del Atlántico Sur, donde realizaban matanzas a una escala cada vez mayor, aniquilando cantidades inmensas de animales y diezmando la región. Se parecían a una manga de langostas: el impacto de la cacería despoblaba islas enteras (porque, por ejemplo, en el caso de los lobos, mataban a madres y crías) y entonces avanzaban buscando nuevas áreas para sus actividades.

Las islas Malvinas se transformaron en zona de paso obligado a partir de las noticias, difundidas por el capitán James Cook, sobre los recursos para la caza y la pesca en las islas Georgias. Para dar una idea de la magnitud de las actividades, algunas cifras: en 1784 el velero *States* llevó trece mil cueros desde las Malvinas hasta Boston. A finales del siglo XVIII, los balleneros y loberos operaban en verdaderas flotillas que se repartían las zonas y las actividades. Los viajes que comenzaban en el Atlántico Sur podían terminar en la China, donde, además de que era posible capturar nuevas presas, los precios por los cueros eran más altos. Hay registros de que en la isla Juan Fernández (que habitó el pobre Alexander Selkirk, más conocido como Robinson Crusoe) en 1793 se mató a un millón de animales.

Mientras los españoles tuvieron una base permanente en Malvinas, ejercieron un precario control sobre las actividades, pero eran incapaces de regular las matanzas en la zona y los marinos extranjeros actuaban impunemente. Cuando evacuaron Puerto Soledad, en 1811, en las islas más importantes del archipiélago ya no quedaban lobos. Para entonces, las islas Malvinas se consolidaron como punto de recalada hacia el Sur. A las Georgias se les añadieron las Shetland, un paraíso para los cazadores de lobos y focas, a partir de las noticias traídas por James Weddell. A partir de 1860, las Malvinas se transformaron en la base para la caza en el continente, pero de manera creciente las expediciones más rentables obligaban a ir cada vez más al Sur, hacia la Antártida.

El mayor impacto de la industria ballenera en Malvinas se dio a partir de 1830. Comenzaron a llegar naves en gran número y de todas las banderas. Cuando, hacia 1908, el capitán Larsen estableció la Compañía Argentina de Pesca en las Georgias (que llegó a ser la más grande del mundo), no vio una sola ballena en aguas de Malvinas. Por otra parte, el desarrollo tecnológico, que permitió incorporar el cañón para lanzar los arpones y colocar en su punta una carga explosiva, habilitó a los balleneros a perseguir incluso al más grande de los cetáceos, la ballena azul.

En conclusión, en muchos casos la exploración informal con fines comerciales precedió a la competencia entre los estados-nación por ocupar los territorios australes.

6

Primeros pobladores

Hasta donde sabemos hoy, en las Islas Malvinas no vivían pueblos originarios. Los conquistadores no expulsaron ni sometieron a ninguna población. Sus primeros habitantes permanentes fueron europeos de distintas nacionalidades. Los primeros en establecer una población estable en el archipiélago fueron los franceses. En abril de 1764, el marino y explorador Louis Antoine de Bougainville tomó posesión de las islas en nombre del rey Luis XIV y fundó Port Louis, un pequeño establecimiento dotado de instalaciones para su defensa y "varias casas precarias". Estaba ubicado al norte de la isla Soledad, en un sitio diferente a donde se asienta la actual capital, Port Stanley. Hoy en día, el lugar está dentro de una propiedad privada y es de difícil acceso.

El explorador francés no tenía pensado quedarse allí, sino fundar una colonia y continuar su viaje de exploración. Dejó una pequeña población, compuesta fundamentalmente por marinos provenientes de Saint-Malo, que terminarían bautizando el archipiélago. Regresó meses después llevando maderas desde el estrecho de Magallanes, una práctica que sería habitual en los futuros ocupantes. La colonia se organizó lentamente y llegó a tener ciento cincuenta habitantes.

Mientras tanto, en enero de 1766, una expedición secreta británica, al mando de John Byron, fundó Port Egmont en la isla Saunders, al oeste de la isla Gran Malvina, y tomó posesión del archipiélago en nombre del rey inglés, Jorge III. Así como los franceses habían erigido un obelisco y dado vivas a su rey, los ingleses izaron su bandera y sembraron hortalizas, como también dieron salvas de artillería (todos estos eran mecanismos tradicionales de toma de posesión). Los ingleses, que sabían de la existencia de un asentamiento francés, aunque no sabían dónde se encontraba, tardaron alrededor de un año en descubrirlo. Entonces, enviaron un oficial para que exija a los franceses que se retiraran.

El revuelo que ambos asentamientos despertaron fue mayor. Los españoles habían protestado ante sus aliados franceses por la presencia ilegal en tierras que consideraban propias. Entre ambas coronas, emparentadas dinásticamente, existía el pacto de familia (ambas monarquías eran Borbones), una alianza defensiva y ofensiva. En virtud de este tratado y ante la amenaza de una guerra con Inglaterra, el ministro francés Choiseul cedió, reconociendo la soberanía española, pero dejó establecido que Bougainville debía ser resarcido de sus gastos. Esto fue hecho en España y, posteriormente, el marino francés navegó rumbo a Buenos Aires, donde se unió a naves españolas que llevarían a las nuevas autoridades españolas a Malvinas, de las que tomaron posesión en 1767; rebautizaron al lugar *Puerto Soledad*. Se ha dicho erróneamente muchas veces que Madrid compró las islas a Francia, pero no hubo nada de eso, sino solo un pago al emprendedor colonizador por las mejoras introducidas. En el acta que él firmó se refiere a los "establecimientos ilegítimos en las islas Malvinas, que pertenecen a Su Majestad Católica", o sea, España.

El primer gobernador español de Malvinas, Ruiz Puente, mientras tanto, enfrentaba la peligrosa vecindad de los británicos, que desconocían su autoridad, mientras buscaba fortalecer la presencia hispana en el archipiélago. Las autoridades españolas en Buenos Aires, de las que dependían las islas Malvinas, enviaron una expedición que en 1770 expulsó a los ingleses de Port Egmont. Como veremos, eso no quiere decir que estuvieran satisfechos con poseer ese lugar: "Estamos a Dios gracias en posesión de estos Dominios de S. M. tan recomendados como despreciables".

Pero debido a ese hecho militar sonaron tambores de guerra y tanto Francia como España debían ganar tiempo, ya que no estaban preparadas para un enfrentamiento bélico con Inglaterra. Una serie de idas y venidas diplomáticas derivadas de esta situación se tradujo en una famosa cláusula secreta: los españoles aceptaron en forma verbal la promesa británica de abandonar definitivamente Port Egmont y el consiguiente reconocimiento de su soberanía en las Malvinas. Mientras que los ingleses obtuvieron, mediante una declaración firmada en 1771, que Carlos III, el rey español, desaprobara la expulsión producida en 1770, que la guarnición inglesa regresara a Egmont (que luego abandonaría) y que de ese modo se viera salvaguardado su honor.

Así sucedió. En consecuencia, entre finales de 1771 y mediados de mayo de 1774, convivieron en Malvinas las poblaciones de Puerto Soledad y Port Egmont. Ese año, finalmente, los ingleses abandonaron su asentamiento en cumplimiento de la promesa secreta. Al abandonar el puerto, dejaron una placa donde reclamaban ese lugar para su rey. Pero un piloto español, de los que periódicamente eran enviados allí para verificar que los ingleses no regresaran, la quitó y, según se cree, fue enviada a Buenos Aires.

Que a las palabras se las lleva el viento lo demostrarían los acontecimientos, ya que no hay documentos escritos donde la Corona inglesa acepte la soberanía española y, por extensión, la argentina. En función de esa ausencia regresarían a tomar posesión en 1833.

7

Un lugar incómodo

Las islas Malvinas estuvieron bajo la soberanía española desde la entrega por parte de Bougainville, en 1767, hasta 1811. En algo más de cuatro décadas, las autoridades coloniales españolas enviaron a treinta y dos gobernadores, que dependían de Buenos Aires (que pasó a ser capital del Virreinato del Río de la Plata en 1776). Con el primer gobernador, Felipe Ruiz Puente, se instalaron treinta y siete colonos, de los que la mitad eran mujeres y niños. Comenzaron su convivencia con un número indeterminado de residentes de otras nacionalidades, que algunos autores estiman en hasta cien individuos. Hacia finales de 1767, los colonos habían reparado todas las instalaciones y construido además una capilla, un cuartel y una cocina. El resto eran unas treinta casas, de las que solo dos eran de piedra y el resto de tepes, calefaccionadas con turba y con pisos de tierra que, cuando llovía, se transformaban en barro.

Los habitantes de Malvinas estaban prácticamente incomunicados con el resto del mundo y la preocupación por los víveres era constante. Ocho de los primeros pobladores eran presidiarios, enviados a cumplir su condena a las islas. Tiempo después, se construyó un presidio (aunque, más allá del nombre rimbombante, debe imaginarse una residencia en la que las condiciones eran más penosas aún que para los "libres").

Debemos ubicarnos en el contexto en el cual los españoles se instalaron en Malvinas. El imperio colonial fundado a partir de 1492 estaba en crisis. El sistema monopólico establecido por la Corona se revelaba lento e ineficaz para mantener el control y enfrentar el asedio de otras potencias, sobre todo Inglaterra. Las reformas políticas y administrativas emprendidas por los Borbones se revelaron insuficientes y tardías.

Por otra parte, no todas las autoridades enviadas a las islas Malvinas estaban de acuerdo en la necesidad de sostener una colonia en unos parajes tan inhóspitos, probablemente porque también conocían las dificultades para ejercer su dominio. Ruiz Puente, por ejemplo, un año después de tomar el cargo, desesperaba de poder mantener la colonia, cuando su principal actividad era reiterar los pedidos de víveres y otras provisiones. El comandante de la *Liebre*, uno de los barcos que lo habían trasladado, lo sintetiza así: "Las ventajas de esta tierra son ningunas y las nulidades muchas". ¡No deja de impresionar que hayan elegido como patrona de la población a Nuestra Señora de la Soledad! Con ese nombre se rebautizó a la población principal y, con el tiempo, a la isla oriental. El panorama era desolador. Chauri, el segundo gobernador, pidió que le mandaran, entre otras cosas, yerba, tabaco y plomo para cazar, "pues hacía tiempo que se carecía de ellos y los necesitaba para que a esta gente no le falte ese consuelo".

Los primeros gobernadores tuvieron como principal tarea expulsar a los ingleses, lo que hicieron en 1770, y luego, tras los acuerdos (secretos o no), verificar que abandonaran definitivamente las islas. Pero, desde entonces, periódicamente debían enviar naves a revisar que no volvieran a asentarse ni en el abandonado Port Egmont ni en ningún otro lugar. Más difícil era controlar a los barcos loberos, y las referencias al hallazgo de vestigios del desembarco de tripulaciones en distintos lugares son frecuentes. Ruiz Puente, a cuya tenacidad, probablemente, se deba la supervivencia en esos primeros años, recomendaba abandonar Port Louis e instalarse en la antigua población inglesa, a su juicio, mejor ubicada.

Dentro de sus posibilidades, sus sucesores mejoraron las condiciones en las islas. Hay registro de que el ganado del que disponían para su subsistencia aumentó gradualmente. Se realizaron reconocimientos del archipiélago. Inclusive, celebraron la coronación de Carlos IV, en unos festejos que duraron tres días, con fuegos artificiales y corridas de toros incluidas. Sin embargo, hacia 1790, las autoridades registraban más de sesenta barcos ingleses y estadounidenses dedicados a la pesca de ballenas. Los pedidos de refuerzos militares por parte de los gobernadores aumentaron, pero costaba satisfacerlos. En ocasiones, sin embargo, lograron apresar algunas naves.

Entre 1767 y 1811 no hubo interrupciones en la presencia de un gobernador español en el Puerto Soledad. En las islas Malvinas, durante todo ese tiempo, funcionó el único punto poblado de manera permanente al sur de Carmen de Patagones, en la provincia de Buenos Aires.

Cuando se produjo la Revolución de Mayo de 1810, en Buenos Aires, esta continuidad se cortó. La guarnición de Malvinas fue convocada a Montevideo por el gobernador Gaspar de Vigodet, antes de que tuvieran que pasar otro invierno allí. Se les ordenó a los residentes en Malvinas dejar "bien cerrados los edificios y colocado un escudo con las armas del rey, que manifiesten el derecho de propiedad". Deberían enviar, una vez al año, un barco a reconocer el lugar. Las Malvinas volvieron a quedar formalmente deshabitadas.

8

Las Provincias Unidas y las Malvinas

El 25 de mayo de 1810, en la ciudad de Buenos Aires, capital del Virreinato del Río de la Plata, del que administrativamente dependían las islas Malvinas, se produjo un movimiento revolucionario que creó una nueva junta de gobierno. El Cabildo de Buenos Aires invitó a otras ciudades a enviar representantes para sumarse al movimiento, ante los graves sucesos de España, invadida por los franceses y cuyo rey, Fernando VII, estaba preso.

Muchas regiones se plegaron a la Revolución, pero otras no, recelosas de las actitudes expansivas de Buenos Aires. Una de las ciudades que se mantuvieron leales a España fue Montevideo, que se transformó en una amenaza permanente para los porteños, ya que estos no tenían una fuerza naval importante. Desde el punto de vista de los territorios, el concepto *uti possidetis jure* definía que las antiguas posesiones coloniales pasaban a ser parte del territorio de las naciones independizadas. Sin embargo, si pensamos que muchas de las colonias habían sido objeto de disputas entre las monarquías europeas, esto no iba a ser un proceso automático aceptado.

Las Provincias Unidas del Río de la Plata declararon su independencia de España en 1816. Sin embargo, fracasaron en su intento de constituir una nación unificada, debido a las tensiones entre diferentes proyectos regionales y a las discusiones acerca de la soberanía que deberían ceder las provincias a la nueva nación (cuando esta existiera). Comenzó un período de guerras civiles que se prolongaría hasta la segunda mitad del siglo XIX, en el que sucesivos intentos de unificación y constitucionales fracasaron. Sin embargo, se mantuvieron dos constantes, importantes para la historia de Malvinas: las diferentes provincias delegaron en la de Buenos Aires la representación de las relaciones exteriores, mientras que el archipiélago (abandonado por los españoles en 1811) seguía dependiendo del gobernador de esa provincia.

Sin embargo, ni las Provincias Unidas ni Buenos Aires tenían una flota de guerra que les permitiera concentrarse adecuadamente en el control del Atlántico Sur. Los gobiernos revolucionarios apelaron al otorgamiento de patentes de corso a marinos de fortuna de diferentes nacionalidades: británicos (Guillermo Brown, irlandés, es considerado el creador de la Armada argentina), estadounidenses y franceses (como Hipólito Bouchard, quien obtuvo en Hawái el primer reconocimiento internacional a la independencia nacional). Como no podía ser de otra manera, la composición de las tripulaciones de estos barcos refleja el equilibrio de fuerzas de la época: en su mayoría, los marinos eran ingleses y estadounidenses. El control que las nuevas autoridades podían ejercer sobre el litoral patagónico y las islas Malvinas era prácticamente nulo. En consecuencia, amplios espacios patagónicos eran en realidad una zona franca para la caza de lobos y ballenas.

En 1820, el gobierno de la provincia de Buenos Aires fletó una nave, la *Heroína*, al mando del marino estadounidense David Jewett, y le dio instrucciones para que pasara por Puerto Soledad y reclamara la soberanía sobre las Malvinas. Para ese momento ya había noticias del descubrimiento de un grupo de islas al sur de Malvinas, las Shetland, que se transformaron en un paraíso para los balleneros y reforzaron el lugar del archipiélago como escala en las navegaciones que se animaban cada vez más hacia el Sur.

David Jewett llegó a las Malvinas en noviembre de 1820 y cumplió con sus órdenes: leyó una declaración de soberanía "al pie de una bandera enarbolada sobre el fuerte destruido" y hubo una salva de veintiún cañonazos. Lo hizo ante una flota de balleneros de distintas nacionalidades. Entregó una copia impresa de la declaración a cada uno de los capitanes. Jewett no estaba en una buena situación: su tripulación estaba diezmada por el escorbuto y, según el explorador James Weddell, quien fue uno de los que recibieron la misiva, temía un motín.

9

Sobre cómo llegó Luis Vernet
a ser gobernador

Al sur de la provincia de Buenos Aires existía la comandancia de Carmen de Patagones, cuya función era controlar el norte de la Patagonia. A pedido de uno de sus comandantes, en 1821 el gobierno de la provincia dictó una ley de caza y pesca aplicable a la zona bajo su jurisdicción. Esto da una idea del volumen de las actividades en la zona y explica la voluntad de control por parte del gobierno provincial. Si desde Carmen de Patagones se vigilaba el norte del actual Mar Argentino, desde las Malvinas se podría controlar la región más austral, incluyendo Tierra del Fuego y los muy lejanos archipiélagos, como las Georgias o las Shetland. En esa línea puede inscribirse el intento colonizador del comerciante hamburgués Luis Vernet, primer comandante político y militar de las Malvinas.

Después del acto de toma de posesión, la situación de David Jewett era difícil. Hubo un motín y las dificultades alimenticias seguían siendo grandes. Más allá del gesto soberano, la realidad es que las islas seguían siendo tierra de nadie. Algunos tripulantes estaban tan enfermos que debieron ser evacuados a Buenos Aires en un barco lobero británico. Jewett fue reemplazado por un oficial inglés al servicio de Buenos Aires, William Mason, pero –según parece– como corsario y no como comandante de Malvinas, por lo que durante cerca de dos años no hubo una autoridad residente. Hacia 1823, Jorge Pacheco, un proveedor del Estado, dueño de saladeros, pero con importantes problemas económicos, se asoció con Luis Vernet para obtener del gobierno de Buenos Aires el derecho de usufructo del ganado que se hallaba suelto en Malvinas. En la solicitud decían: "La isla de la Soledad, una de las siete [sic] con el nombre general de Malvinas, abunda en lobos y debe tener algún ganado vacuno y caballar, del que se abandonó en la isla;

la aspereza y rigidez del clima la tiene desierta y a disposición de uno u otro navegante extranjero que ha querido ocuparla momentáneamente". Lograron que un militar retirado, Pedro Areguatí, recibiera el título de comandante para imponer su autoridad en la zona y que el derecho de cazar y salar los animales sueltos fuera extendido al de encierro y cría.

Una serie de intentos infructuosos no desalentaron a Vernet, que vio el potencial de una empresa comercial en la región (en la que también había intentado interesar al gobierno inglés, aunque sin éxito). Entre 1826 y 1829, año en que se estableció definitivamente como comandante político y militar, Vernet montó distintas sociedades con el fin de lograr impulso para su proyecto comercial y colonizador. El negocio de la carne salada era tentador en tiempos de guerra con el Imperio del Brasil, pero riesgoso por el bloqueo que esta potencia imponía al gobierno argentino. Por otra parte, la situación política interna de las Provincias Unidas no era fácil: en 1828, con la paz, regresaron los ejércitos y derrocaron al gobernador de Buenos Aires, Manuel Dorrego, quien fue fusilado después. Fue el gobierno provisorio posterior, encabezado por el general Martín Rodríguez, el que nombró a Luis Vernet primera autoridad política en las Malvinas tras el período independentista. El 10 de junio de 1829 el gobierno porteño creó la Comandancia Política y Militar, que tenía sede en Soledad, pero abarcaba todas las islas hasta el cabo de Hornos. Para ocupar ese cargo, fue designado el mismo Vernet. Este decreto es una de las razones para que la fecha sea conocida en la Argentina como Día de la Afirmación de los Derechos Argentinos sobre las Malvinas. Ni Jewett ni Mason ni Areguatí ni Vernet fueron designados como gobernadores. Las Malvinas eran simplemente una parte de la provincia de Buenos Aires. El gobierno británico, a través de su cónsul, Woodbine Parish, protestó contra el nombramiento.

Además del interés inmediato, Vernet quería cumplir con sus socios y pensaba en actividades de más largo aliento: "El objeto único de la Compañía es de matar todo el ganado grande con el interés del producto inmediato y así concluir la empresa, cumpliendo pues este objeto, habré cumplido con la Compañía y quedaré en libertad para dedicarme a objetos mayores entre estos el de poblar estancias con el ganado chico, caído en las volteadas".

La colonia

Luis Vernet arribó con su familia y un grupo de colonos a Malvinas en julio de 1829, después de un viaje agitado que les hizo temer que no podrían llegar. Desde ese momento y hasta el año 1833, se dedicó a consolidar la población residente e impulsar su empresa comercial. Es importante poner en contexto lo que significaba radicarse allí, en un páramo desolado en el que únicamente había animales para cazar y que solo era visitado por tripulaciones que buscaban reponer víveres, reparar su nave o seguir viaje. Podemos pensar que Vernet tenía expectativas certeras de éxito si consideramos que en esas condiciones llevó a su familia allí. Ya tenía tres hijos, y una cuarta, Malvina, nació en las islas. Para instalarse, reconstruyeron las viejas estructuras edilicias de los tiempos españoles, muy deterioradas porque los visitantes ocasionales habían extraído toda la madera posible de ellas, fuera para reparar sus barcos o para calentarse. Además de la "Casa Principal", que era de piedra, habría unas diez viviendas, solo cuatro de ellas con techo de madera; el resto era de paja o lona embreada. En el interior de la Isla Soledad, las habitaciones eran "de césped" (o sea, tepes) y las empleaban los hombres dedicados a la ganadería.

Es difícil saber la cantidad de habitantes del archipiélago entre 1829 y 1833. Vernet habla de hasta trescientos, de los que solo la mitad eran fijos. Muchos vivían en Puerto Soledad, pero otros estaban dispersos en otros lugares en el interior de la isla. La población era sumamente diversa. Había rioplatenses, ingleses, alemanes, franceses, estadounidenses, algo típico en un lugar de paso, en el que a veces la población se incrementaba por sobrevivientes de naufragios o desertores de las tripulaciones. Sin embargo, la mayoría de los habitantes había llegado desde Buenos Aires. También había aborígenes, a veces del Litoral y otras de la Patagonia, que oficiaban de peones. Vernet también había recibido autorización para trasladar negros esclavos, a condición de que fueran liberados luego de ocho o diez años de trabajo. El número de aborígenes patagónicos creció debido a que Vernet estimuló el intercambio con los tehuelches con quienes tenía tratos desde sus experiencias ganaderas en San José, en la península Valdés.

Alrededor de cien hombres se instalaron en distintos lugares en el interior de las islas, donde se establecieron puestos y corrales (dos de estos poblados fueron bautizados Dorrego y Rosas). Los planes de colonización abarcaban todas las islas. Los nuevos habitantes se dedicaron fundamentalmente a las actividades ganaderas y eran típicos gauchos. De manera paulatina, en Puerto Soledad florecieron otras actividades, como la salazón de pescado, además de la de carne, que les permitía realizar intercambios con las tripulaciones de paso. Llegaron inclusive a reparar y construir embarcaciones pequeñas.

Vernet se apoyó en algunos hombres clave para el manejo de sus actividades. El inglés Matthew Brisbane, un avezado marino, era uno de ellos, como así también su cuñado Loreto y su hermano Emilio. Mantuvieron un tráfico regular con Buenos Aires y Montevideo, contratando buques de paso y fletándolos con la carga de su producción, sobre todo cueros de vaca y lobo, así como carne. Las naves también realizaban un circuito "interno": visitaban regularmente Tierra del Fuego y la isla de los Estados, donde algunos hombres se quedaban para extraer madera, y aun algunos lugares más lejanos, como las Georgias.

Los problemas con barcos extranjeros, que depredaban indiscriminadamente la región, eran recurrentes. Hacia 1831, Vernet redactó un "plan para la organización de la caza de focas y ballenas", que implicaba el establecimiento de grupos de pescadores a lo largo de las costas. Pero, desde 1829, todos los barcos recibían una circular impresa por la que se notificaba la prohibición de esa actividad en las costas malvineras. Sin embargo, esto era más formal que real. Para recibir la circular, los marinos debían ser detenidos o tocar puerto, cosa que no necesariamente hacían. Y, suponiendo que esto sucediera, debían luego aceptar la imposición del pago de una tasa para llevar a cabo las actividades que venían haciendo durante décadas con total impunidad y sin pagar nada. Este problema y los intentos de Vernet por controlar las aguas de Malvinas serían el origen de su desgracia y del cambio de manos del archipiélago.

Los gauchos

Según la historiadora malvinense Joan Spruce, las últimas vacas salvajes de Malvinas, que vivían en un lugar llamado Volunteer Point, fueron sacrificadas a comienzos del siglo XX. Imaginemos, como sugiere ella en un hermoso y pequeño libro llamado *Corrals and Gauchos*, lo que eran las islas Malvinas hace doscientos años. Sin grandes depredadores, salvo el pobre zorro *warrah*, casi sin agresiones humanas y con alimento abundante, las vacas y caballos sobrevivientes de los intentos de colonización, desde Bougainville en adelante, crecieron de manera asombrosa (esto es lo que había tentado a los comerciantes Jorge Pacheco y Luis Vernet a probar suerte en las islas). Hacia 1834, el capitán Fitz Roy calculaba en 12.000 cabezas las de ganado vacuno y en 4.000 las de caballos, sumadas a las que habían sido faenadas, que Vernet estimaba en alrededor de 6.000.

Si hacia mediados del siglo xx la imagen (real) de las actividades ganaderas malvinenses nos llevaba en la mente a las ovejas, hasta bien entrado el siglo xix debemos pensar en escenas muy similares a la vida rural en provincias ganaderas como la de Buenos Aires. Planicies onduladas con ganado salvaje que pastaba a sus anchas, escasa autoridad, tierras que aún no habían sido mensuradas ni dibujadas en los mapas, parece el listado de una serie de locaciones para una película sobre "el gaucho", y eso era Malvinas hacia 1830.

Conviene tener presente, también, que, con el paso del tiempo, *gaucho* designó mucho más la profesión o actividad que la nacionalidad, por lo que a lo largo de la historia de Malvinas vamos a encontrar "gauchos" criollos y aborígenes, y luego ingleses, escoceses y sus respectivas descendencias. Los primeros gauchos fueron llevados allí por Vernet para trabajar con el ganado bagual, pero muy pocos se quedaron después de los sucesos de 1831-1833. Sin embargo, con posterioridad a esa fecha, otros comerciantes, como había hecho Vernet, mantuvieron la idea de "importar" trabajadores. Uno de ellos fue Samuel Lafone, un inglés radicado en Montevideo, que los traía especialmente desde Uruguay. También llegaron desde la Patagonia continental, que comenzaba a ser disputada, a finales del siglo XIX, entre Argentina y Chile.

El trabajo principal de estos gauchos, en los tiempos iniciales, era la "agarrada" del ganado bagual, que descendía de los caballos y vacas dejados por Bougainville. Pero también fueron constructores y ejercieron diferentes oficios de acuerdo con las necesidades. Así, sobre todo en isla Soledad, quedan vestigios de gran cantidad de corrales construidos con turba o piedra, algunos de ellos a la orilla del mar, para el encierro de animales.

Conocemos mucho de la vida cotidiana de los gauchos de Malvinas gracias a las acuarelas que pintó John William Dale, administrador de un saladero ubicado en la zona del istmo de Darwin, en un lugar llamado Hope Place, entre 1852 y 1855. Sus pinturas parecen versiones más antiguas de nuestros familiares almanaques de Florencio Molina Campos. En una de las más conocidas, *Resting in the Rancho*, vemos el almacén o especie de pulpería que existió allí –donde se compraba desde azúcar hasta ponchos y bombachas o guitarras–, mientras dos gauchos con sus trajes típicos y chambergo, con un perro a los pies, se pasan un mate ante la mirada inerte de un cráneo de vaca. En otra, llamada *A Meal at the Corral*, vemos gauchos emponchados y caballos con apero criollo que rodean unos fogones donde la carne se asa al espetón. Uno, bajo una carpa, tiene el típico gorro federal. Se distinguen uno o dos negros en un día soleado que amarillea las colinas.

Y, por supuesto, el vocabulario. Los nombres de los colores del caballo, pero también de los arreos y otros términos, son inconfundibles. Un argentino "de campo" pensaría que un isleño lo remeda, y viceversa, cuando frente a un caballo de color rojizo lo señala como *alazán* o *alizan*.

Vernet, el emprendedor

El comerciante hamburgués Luis Vernet tenía grandes planes. Más allá de sus intereses comerciales, es evidente que asociaba su éxito comercial a una mirada política sobre el extremo austral del continente sudamericano. En las primeras presentaciones que había hecho con su socio, Pacheco, ante el gobierno porteño, había indicado que la Patagonia era una suerte de tierra de nadie y que iba en beneficio de los intereses de "la República" afianzar su control sobre esa región. Señaló, tan pronto como en 1823, que Chile reclamaba los mismos territorios y que los barcos ingleses, estadounidenses y franceses fondeaban a sus anchas en los puertos naturales del Atlántico Sur para dedicarse a la caza de ballenas y lobos. Vernet conocía de primera mano lo que denunciaba, ya que como comerciante había llegado en distintas oportunidades a la actual península Valdés (en aquella época se la conocía como *de san José*) a carnear ganado suelto y allí se había encontrado con ese panorama.

En 1827, en plena guerra con Brasil y tras su primer fracaso comercial en Malvinas, Vernet presentó al gobierno de la provincia de Buenos Aires un plan de colonización, que es el que dio pie a la creación de su colonia y que, a la par de asegurarle importantes beneficios comerciales, consolidaría la presencia argentina en la región. Concebía las islas Malvinas como un enclave estratégico tanto en las rutas comerciales como por su proyección sobre el litoral patagónico; de allí que en el proyecto pidiera el "monopolio de la pesca en Tierra del Fuego, Malvinas e islas del Atlántico Sur", es decir, como parte de una trama económica, política y marítima que a su juicio el gobierno de Buenos Aires no debía dejar de controlar (para Vernet, las islas estaban "como abandonadas"). Para consolidar esa colonia, proponía que los colonos estuvieran exentos de impuestos por treinta años. El gobierno de Buenos Aires, a cargo de Manuel Dorrego por entonces, accedió a la petición de Vernet. Tenía en cuenta tanto la coyuntura de la guerra con Brasil como la necesidad de proyectarse hacia el Sur. Redujo la exención impositiva en diez años, reservándose además una porción de tierras en Malvinas, sobre el estrecho de San Carlos.

Con ese aval, que derivó en la creación de la comandancia política y militar que mencionamos páginas atrás, Vernet se dedicó con entusiasmo a su plan. Parceló las Malvinas en secciones, que ofertó a la colonización y explotación en Europa. Al viajar a las islas, de hecho, llegó con doce colonos alemanes y once británicos (prefería las personas que provinieran de países fríos, ya que pensaba que se aclimatarían mejor). En 1828, Vernet envió a diferentes agentes europeos unas *Instrucciones* para atraer colonos e inversionistas.

Como vimos, el tráfico con la isla de los Estados, de donde obtenía maderas, era permanente, y para ello Vernet empleaba barcos que contrataba cuando tocaban eventualmente las islas. De a poco, la llegada de naves desde Buenos Aires y Montevideo se hizo más regular: iban y venían la correspondencia, la carga y las personas. En 1831 fue botada una goleta pesquera, el *Águila*, construida en Malvinas. Pese a esto, Vernet se consideraba indefenso: sus pedidos de armas, naves y hombres para controlar los barcos extranjeros eran constantes.

Los pobladores de Malvinas realizaron reconocimientos topográficos, construyeron casas sólidas y relevaron la flora y la fauna, además de ejercer, en la medida de sus posibilidades, un poder de policía en la zona (en una ocasión rescataron a un grupo de náufragos en las islas Georgias, antiguos compañeros de Matthew Brisbane). Vernet denunció en repetidas ocasiones la depredación de animales con sus crías, lo que extinguiría las especies comercializables en poco tiempo.

Vernet desarrolló un sistema propio para tratar los cueros; a principios de 1831 propuso que se abasteciera a Buenos Aires con carne desde Malvinas, algo más sencillo y directo que hacerlo por tierra desde Patagonia. Como autoridad civil, celebró dos casamientos en las islas, a condición de que fueran ratificados en una ceremonia religiosa.

Pero, en 1831, un ataque estadounidense arrasó con esa experiencia extraordinaria.

13

Llegan los yanquis

La presencia de la autoridad encarnada en Luis Vernet no frenó las expediciones de loberos y balleneros estadounidenses e ingleses, que se transformaron en un grave dolor de cabeza para el comerciante. Los pedidos a las autoridades de Buenos Aires de refuerzos navales y militares eran constantes. No se trataba de que estos barcos realizaran sus actividades aguas afuera de Malvinas, sino que lo hacían en la misma costa, con efectos destructivos evidentes. Más allá de que muchos de estos marinos consideraban la zona como "franca", Vernet, cuando entraban a puerto, les entregaba un documento en el que les advertía acerca de las consecuencias legales de actuar clandestinamente.

A lo largo de 1831, esta situación hizo crisis, debido a que Vernet intentó hacer valer su poder de policía sobre el archipiélago, y tres naves estadounidenses, la *Harriet*, la *Breakwater* y la *Superior*, fueron apresadas por Matthew Brisbane, el segundo de Vernet, con evidencias de que habían faenado ilegalmente. Una de las formas de eludir la persecución, por ejemplo, era transbordar las pieles de un barco a otro en embarcaderos secretos. Pero el testimonio de un desertor de la *Harriet* y el secuestro de la bitácora de la *Superior* probaron que los marinos estadounidenses habían realizado matanzas de lobos en numerosos puntos del archipiélago.

A mediados de 1831, Vernet estaba en una situación difícil, con dos naves capturadas fondeadas en Puerto Luis y sin elementos suficientes para custodiarlas. ¿Los presos acatarían su autoridad? La tripulación de las dos naves retenidas podía dominar con facilidad el lugar. Los marinos de la *Harriet*, que parecían los más belicosos, fueron desembarcados y recluidos en la casa destinada a la pesca, aunque manteniéndose para con ellos un trato afable. En realidad, la detención solo era efectiva por las noches. Sin embargo, la *Breakwater* finalmente escapó. Vernet decidió que navegaría a Buenos Aires a bordo de la *Harriet*, con su capitán, para someter la decisión al gobierno. Allí, el cónsul estadounidense George Slacum protestó de todas las formas posibles y exigió reparaciones, mientras una nave de guerra de ese país era despachada al Sur.

El 28 de diciembre de 1831 apareció frente a Puerto Luis una nave con bandera francesa y "una señal al tope de proa", que pedía práctico. Matthew Brisbane, que era la persona de más autoridad en el lugar, junto con Henry Metcalf, de acuerdo con la invitación de un teniente que llegó en bote mientras ellos se paseaban por la playa, abordaron la embarcación. Una tormenta había impedido un contacto anterior. Para su sorpresa, descubrieron que se trataba de una nave de guerra yanqui, la *Lexington*. Su capitán, Silas Duncan, llegaba para exigir reparaciones. Sus hombres desembarcaron y destruyeron las instalaciones del establecimiento. Comenzaron por la pólvora y las armas, pero siguieron con las casas y lo que había en ellas, incluyendo las vajillas y las ropas personales.

Muchos pobladores huyeron. Los atacantes apresaron a varios colonos, y a los esclavos negros los aherrojaron. Nadie podía resistir, así que procedieron con total impunidad. Como señala el historiador Julius Goebel, es notable que este incidente no esté registrado en el diario de navegación de la *Lexington*. ¿El capitán Duncan era consciente de su mal procedimiento, del uso desmedido de la fuerza? ¿Actuó por su cuenta o tenía órdenes secretas?

Probablemente la acción se debía al apresamiento de las naves por Vernet. Pero los marinos estadounidenses estaban a sus anchas en todas partes del mundo por entonces. Vale la pena considerar si, enterados de algún plan de ocupación británico, no buscaron afectarlo o adelantarse a él. En todo caso, el secuestro de unas naves no justifica el arrasamiento. Pero todo son conjeturas y el daño había sido hecho.

14

Una colonia en apuros

El ataque estadounidense dañó profundamente a la colonia que había impulsado Luis Vernet. Cuando llegaron las noticias a Buenos Aires, el gobernador Juan Manuel de Rosas decidió enviar una fuerza y un nuevo comandante para reponer la autoridad. Recordemos que la provincia de Buenos Aires estaba a cargo de las relaciones exteriores de las provincias de la Confederación Argentina. Para el traslado de las nuevas autoridades y un destacamento militar fue fletada la goleta *Sarandí*, de ocho cañones, al mando del teniente de Marina José María Pinedo. De origen estadounidense (se había llamado *Grace Ann*), la nave tuvo que ser reparada antes de partir al Sur, a mediados de junio de 1832. Un detalle nada menor: solo diez de los tripulantes eran argentinos; la mayoría eran estadounidenses e ingleses. El navegante Matthew Brisbane regresaba a las islas como práctico.

Vernet permaneció en Buenos Aires intentando resolver la situación planteada por el apresamiento de las naves estadounidenses. Para sucederlo, con el cargo de "comandante político militar" interino, fue designado el capitán de Artillería con grado de mayor Esteban Francisco J. Mestivier, quien viajó a Malvinas con su esposa y su pequeño hijo.

Al llegar a las islas, Mestivier se dedicó a restituir el orden. Verificó que Henry Metcalf, quien había quedado a cargo del establecimiento por orden de Vernet, había cuidado los intereses de su patrón. Reasignó alojamientos y distribuyó provisiones para la media centena de personas que vivían en Malvinas. Pero, según parece, Mestivier era un oficial muy estricto y que no se privaba de penar con azotes la falta de disciplina de sus soldados. Lo que era un castigo frecuente en la época, agudizaba la resistencia en un rincón alejado del mundo, casi tierra franca, como eran las Malvinas en 1832. El 21 de noviembre, Pinedo partió con la *Sarandí* a la caza de barcos extranjeros en aguas de Malvinas. Buscaba hacer cumplir las normas establecidas por Vernet como máxima autoridad austral. Pero, mientras la nave y sus cañones, que eran la garantía de autoridad porteña, se alejaban, la guarnición se sublevó contra su comandante. De acuerdo con el juicio que se les siguió a los responsables meses después en Buenos Aires, la causa del motín fue la dura disciplina impuesta por Mestivier.

El 30 de noviembre por la noche, un grupo de rebeldes entró a la casa del comandante y lo asesinó a tiros y bayonetazos delante de su mujer, quien también fue vejada.

De regreso, Pinedo fue advertido de los sucesos por el ayudante de Mestivier, Gomila, y la tripulación de una nave inglesa, la *Rapid*, que estaba anclada allí. El asesino, aparentemente, había sido un soldado de color, Manuel Sáenz Valiente, que estaba detenido por orden de Mestivier y a quien sus cómplices liberaron la noche del crimen. La conducta del ayudante Gomila era, por lo menos, dudosa. Tres empleados de Vernet (el capataz Juan Simón, el encargado Metcalf y Ventura Paso) acusaron de instigador a Gomila, quien fue arrestado, y se descubrió que tenía en su poder el reloj del asesinado. Los implicados en el crimen fueron enviados para su juicio a Buenos Aires en la *Rapid*. Tras un juicio sumario, Gomila fue desterrado por cobardía y los seis culpables directos fueron fusilados y exhibidos en la plaza de Mayo. A Sáenz Valiente, como era costumbre, le cortaron la mano derecha. Según parece, la ejecución fue presenciada por gran cantidad de público. Mientras tanto, en Malvinas las cosas se complicaban.

Clio mete la cola

José María Pinedo no ganaba para sustos. El 2 de enero de 1833 fondeó cerca de la *Sarandí* una nave inglesa, la *Clio*. Pinedo envió a su bordo al teniente primero Mason y al médico de a bordo para inquirir el objetivo de ese arribo, ya que, si bien eran frecuentes las visitas de naves de distintas nacionalidades, este era un buque de guerra. El capitán inglés, James Onslow, dilató su respuesta para la tarde en que se dirigió a la nave argentina para informarle a Pinedo, sin rodeos, que había llegado a Malvinas con la orden de tomar posesión de las islas en nombre de su rey, Jorge III, y que, en consecuencia, exigía que la bandera argentina fuera arriada al día siguiente a más tardar.

El gobierno de Buenos Aires sabía de las intenciones inglesas, ya que inclusive habían sido publicadas en Buenos Aires. Pero se trataba de un enfrentamiento desproporcionado. Pinedo estaba en una posición complicada. Había recibido una amenaza concreta de un oficial de la mayor potencia naval de la época. Tenía mucho menos poder de fuego que la artillería de la *Clio*. Pero, además, la mayor parte de su tripulación, y sobre todo sus oficiales, ¡eran ingleses!

Pinedo reunió a sus oficiales en un consejo de guerra para decidir qué hacer. No hay una versión unánime al respecto. Según Pinedo, muchos de ellos se negaron a combatir porque eran ingleses y habían servido en la Royal Navy. Pero en el juicio que se le siguió posteriormente en Buenos Aires por su rendición, hubo testimonios que dijeron que no todos se opusieron y que varios de sus oficiales eran norteamericanos y no tenían problemas en combatir. Pinedo testimonió: "Toda mi tripulación desde el contramaestre y demás oficiales de mar eran ingleses, exceptuando cuatro marineros y seis muchachos y muy jóvenes y capaces de nada y catorce hombres de tropa y de éstos tres ingleses". De todos modos, les exigió que defendieran la bandera mientras llegaba ayuda de Buenos Aires (lo que no era probable, porque ¿cómo llegarían las novedades con tiempo suficiente como para que una eventual ayuda fuera de utilidad?).

Pinedo decidió que era imposible resistir, así que embarcó a las tropas en la goleta *Sarandí*, luego de dejar izado el pabellón azul y blanco. Al mismo tiempo, dejó al capataz Juan Simón encargado de la bandera y lo nombró comandante político y militar (situación ridícula si pensamos que él mismo había decidido que era imposible resistir).

A la hora anunciada, como buen inglés, Onslow desembarcó una partida de *marines*, que colocaron un mástil sobre una de las casas e izaron la *Union Jack*. Al mismo tiempo arriaron la bandera argentina, que un oficial británico entregó a Pinedo en la *Sarandí*. La ocupación inglesa y la expulsión de los rioplatenses no habían durado quince minutos. Antes de partir rumbo a Buenos Aires, Pinedo embarcó a aquellos pobladores que quisieran hacerlo. Algunos se quedaron, como Antonina Roxa, quien llegó a alcanzar un lugar preeminente en la futura población británica, y que fungía como comerciante, comadrona y curandera.

Onslow no dejó ninguna autoridad constituida en Malvinas. El ejemplo de Pinedo parecía haber cundido: el oficial atacante le encargó al despensero irlandés William Dickson que izara la bandera inglesa todos los domingos o cuando viera llegar algún barco.

A mediados de enero, llegó a Puerto Luis una segunda nave inglesa, la *Tyne* (aparentemente, parte del plan de ocupación). La *Clio* ya no estaba allí. Pinedo fue sometido a juicio por cobardía en Buenos Aires, mientras en las Malvinas se preparaba un nuevo drama.

Visto desde el presente, no deja de ser impresionante que el nombre de la nave inglesa que ocupó Malvinas sea el de la musa griega de la Historia. Al compás de la expansión imperial británica, la *Clio* prestó servicios unos cuantos años más, y llegó a participar en la Guerra del Opio.

El gaucho Rivero:
¿resistente o asesino?

Luego de la ocupación británica de Malvinas, en enero de 1833, quedaron en las islas algunos de los pobladores que Luis Vernet había llevado al archipiélago. Se dedicaban sobre todo a tareas vinculadas a la explotación ganadera: muchos eran gauchos, otros aborígenes y también habían inmigrantes europeos. Uno de ellos se llamaba Antonio Rivero y, según el censo que hicieron los ocupantes ingleses, en 1833 tenía 26 años.

Como queda señalado, tras la agresión el comandante británico abandonó las Malvinas sin dejar ninguna autoridad constituida. Solo le encargó a William Dickson el acto formal de izar la bandera inglesa los domingos o ante la presencia de un barco. Recordemos que, tiempo antes, a finales de 1832, se había producido el asesinato del comandante interino que el gobierno de Buenos Aires había enviado luego de que un buque estadounidense arrasara las instalaciones de Puerto Luis, mientras Vernet se hallaba en Buenos Aires. Es decir que el estado de la colonia era precario, con varios hechos de violencia recientes, y con un futuro incierto.

En este contexto, el 26 de agosto de 1833 se produjeron los incidentes sangrientos protagonizados por el gaucho Antonio Rivero y sus compañeros, en los que cinco empleados de Luis Vernet, que continuaban ejerciendo la representación de sus intereses, fueron asesinados. Entre ellos estaban Matthew Brisbane, su mano derecha, y Dickson, el infausto abanderado.

Durante algunos meses, en Malvinas convivieron los gauchos de Rivero y un puñado de habitantes que habían huido aterrados a un islote. Finalmente, una partida de *royal marines*, al mando del teniente Henry Smith (primera autoridad designada por los británicos), capturó a los gauchos con ayuda de otros pobladores y de algunos de los alzados, los engrilló y los envió a Inglaterra para ser juzgados.

Los hechos violentos protagonizados por Rivero y sus compañeros generan controversias, y ese es uno de los temas que agitan pasiones en Argentina al hablar de Malvinas. Algunos solo ven en ellos un gesto de defensa de la soberanía argentina, y otros, una matanza producida por las difíciles condiciones de vida en las islas. La figura del gaucho Rivero concentra muchos elementos caros a la corriente histórica revisionista: un gaucho (encarnación de la argentinidad) nacido en Entre Ríos queda fuera de la ley por enfrentar los abusos de las autoridades (los asesinados eran administradores y capataces de Vernet, y sabemos que había muchas quejas entre los peones por las obligaciones que se les imponían y porque no les canjeaban por metálico los vales que constituían su paga) y resiste al invasor allí donde el gobierno porteño ha claudicado (los asesinados eran extranjeros, entre ellos había ingleses). Pero eso no fue exactamente así: Rivero y sus compañeros asesinaron a personas indefensas y se entregaron sin ofrecer resistencia meses después. Los detenidos fueron enviados a Inglaterra a la espera de ser juzgados. Descartado entregarlos en Buenos Aires (lo que hubiera significado reconocer la soberanía rioplatense sobre las islas recientemente usurpadas), los británicos optaron por embarcarlos rumbo a Montevideo y "facilitarles" la fuga. El rastro de los gauchos protagonistas de los incidentes de agosto de 1833 se pierde allí.

A partir de esta incertidumbre, algunos autores plantean que Rivero integró las fuerzas federales en el combate de la Vuelta de Obligado (1845), lo que coronaría el mito riverista, ya que allí los argentinos se enfrentaron con una flotilla anglo-francesa que intentaba forzar el paso de las aguas del Paraná.

17

Testigos privilegiados:
el viaje del *Beagle*

¿Han visto la película *Capitán de mar y guerra* (*Master and Commander*)? Si no lo hicieron, vale la pena. Está basada en las veinte novelas náuticas del irlandés Patrick O'Brien y tiene por protagonista a una pareja particular: el capitán de la Marina de Guerra inglesa, Jack Aubrey, y el cirujano a bordo, científico y agente secreto, Stephen Maturin. Por supuesto, sería todavía mejor leer los veinte libros, como una manera de pasear imaginariamente por todos los mares del planeta y buena parte de los puntos conocidos (y bajo control creciente) del Imperio británico en esa época. Ambos, el marino y el científico, representan los dos ejes por los que pasó la expansión imperialista europea y, en el tema que nos ocupa, fueron fundamentales porque resultaron ser testigos de un episodio crucial en la historia de las islas, como fue el pase de manos de la colonia de Vernet a los británicos. Aubrey y Maturin podrían ser perfectamente Robert Fitz Roy, un joven y eficiente oficial naval inglés, comandante del buque oceanográfico *Beagle*, y Maturin, sin duda, se parece mucho a Charles Darwin, el famoso naturalista.

En 1832 estaban embarcados en un viaje de cinco años alrededor del mundo, que era parte de una serie de expediciones hidrográficas fletadas por el Almirantazgo británico. Estuvieron en Malvinas en tres momentos claves: antes de la agresión estadounidense de 1831, en marzo de 1833 (con posterioridad al ataque inglés) y en marzo de 1834 (luego de los hechos de sangre protagonizados por los gauchos de Rivero). Puesto que el viaje se produjo al mismo tiempo que los incidentes que arrojaron a los rioplatenses de las islas, algunos consideran que el *Beagle* era un barco espía. Hayan tenido que ver directamente o no con los sucesos de Malvinas, desde el punto de vista de que estos viajeros recogían información para la principal potencia naval de la época, esto no puede descartarse. Era una nave enviada por la principal potencia de la época a reconocer territorios ricos en recursos naturales. Manuel Moreno, embajador argentino en Londres, escribió, diez meses antes de la toma inglesa de Malvinas en 1833: "Creo mi deber llamar toda la atención del Sr. Ministro de Relaciones Exteriores hacia una disputa de la más seria trascendencia que se está silenciosamente preparando". El viaje del *Beagle*, clave para la historia de la ciencia, no puede disociarse de los objetivos colonialistas que lo impulsaron, lo que no le quita nada de su extraordinaria importancia.

Ya vimos que Fitz Roy quedó impresionado por el desarrollo del establecimiento de Vernet y las habilidades musicales de su esposa. Se había encontrado con una colonia próspera: "El número total de personas en la isla era de un centenar, incluyendo veinticinco gauchos y cinco indios. Había dos familias holandesas (cuyas mujeres ordeñaban las vacas y fabricaban manteca); dos o tres ingleses; una familia alemana y los restantes eran españoles y portugueses, que pretendían tener algún negocio pero que en realidad poco o nada hacían. Los gauchos eran principalmente de Buenos Aires, pero su capataz o encargado era francés".

El 1° de marzo de 1833 estaban en la bahía Berkeley, pero no anclaron hasta el 16. Como los hechos trascendentales habían ocurrido pocas semanas antes, los narra en unas pocas líneas no del todo exactas. La parte final dice: "Inglaterra invocó sus derechos y las ocupó. El inglés que quedó a cargo de la bandera fue posteriormente asesinado. Se envió a continuación a un oficial sin proveerle de la fuerza necesaria y a nuestra llegada le hallamos encargado de una población compuesta en más de su mitad de rebeldes y asesinos fugitivos".

Su compañero, Charles Darwin, se encontró en el paraíso de los científicos. En el primer arribo, durante marzo de 1833, permanecieron cerca de un mes. Darwin recorrió las formaciones rocosas, observó los animales y descubrió varios fósiles (su diario sugiere que, hasta el momento del hallazgo, en realidad encontraba el lugar bastante aburrido). En su segunda visita, un año después, Darwin emprendió una excursión al interior, guiado por dos de los gauchos de Vernet. Dejó descripciones muy vívidas del modo de vida de los malvinenses de entonces: "Dormimos en el istmo de tierra que está al extremo de la bahía de Choiseul y que forma la península del sudoeste. El valle estaba bien protegido del frío viento pero había poco material combustible. De todos modos, los gauchos encontraron rápidamente algo que, para mi sorpresa, producía una fogata casi tan cálida como las de carbón: el esqueleto de un toro muerto recientemente y al que los buitres habían despojado de carne. Me dijeron que, durante el invierno, muchas veces mataban un animal, limpiaban la carne de los huesos con sus cuchillos y se valían de los huesos para asarla y aprovecharla como comida. [...] Fue sorprendente ver a los gauchos bajo la lluvia y con todo mojado cuando, sin más que un poco de yesca y un trapo, encendieron el fuego. Buscaron algunas ramitas secas bajo las matas de pasto y los arbustos y las convirtieron en fibras. Después las rodearon con ramas más gruesas, como si hicieran un nido, pusieron el trapo con su rescoldo de fuego en el medio y lo cubrieron. El nido, avivado por el viento, empezó a ahumar cada vez más y, al final, se encendió. No creo que ningún otro método hubiera tenido alguna chance de éxito con materiales tan húmedos como esos".

El capitán del *Beagle*, tal vez más atento al contexto que había generado la agresión británica, veía la vida allí de un modo menos romántico: "Entre las tripulaciones de unos treinta balleneros que navegaban o estaban fondeados cerca de las islas; los hombres de varias naves norteamericanas, todos armados con rifles; los foqueros ingleses, con sus palos y, a veces, también provistos de rifles; estos gauchos de aspecto amenazador; los prisioneros indios, descontentos y decaídos, y las tripulaciones de varios balleneros franceses –que no podían o no querían ver porque no tenían tanto derecho a las islas como los ingleses–, no faltaban elementos de discordia y yo anticipaba con el corazón apesadumbrado y presentimientos sombríos los meses que habrían de pasar sin la presencia de un barco de guerra o de algo parecido a una autoridad constituida".

18

Port Stanley, la nueva capital

Hasta que el Parlamento británico designó al primer gobernador, Richard Moody, en 1843, ocho tenientes de la Royal Navy se sucedieron en la administración de las islas Malvinas. Para la fecha vivían allí cuarenta y nueve personas. Moody llevó consigo a doce zapadores, hábiles en la construcción. Organizó el primer consejo legislativo: eran cuatro miembros, de los que solo uno –el capellán– no era funcionario.

Por aquellos años, visitó Malvinas, con rumbo a la Antártida, el famoso explorador James Ross, quien convenció a Moody de la necesidad de cambiar de lugar la capital. Debería instalarla en un puerto que fuera más adecuado para recibir buques grandes. El mar, tan decisivo en la historia previa del archipiélago, influyó en el emplazamiento de su ciudad más importante. En 1845, nació Port Stanley, emplazado en el mismo sitio que ocupa en la actualidad. A lo largo del siglo xix, creció lenta pero firmemente, sobre todo, ligado a las demandas de los barcos que tocaban puerto y necesitaban reparaciones, provisiones o cargar y descargar productos. A medida que se fueron asentando otros pobladores, lo hicieron en lugares donde hubiera puertos naturales que facilitaran la carga y descarga de provisiones o de balas de lana. Las Malvinas, para esta época, eran una escala obligada desde Nueva Zelanda y Australia, o para los barcos que desde la costa oeste de América del Sur hacían la travesía del cabo de Hornos hacia Europa o la costa este de Estados Unidos. La fiebre del oro en California hizo que muchos barcos tocaran Malvinas. En 1854, las autoridades coloniales levantaron el faro de cabo Pembroke, que todavía está allí, aunque inactivo.

Hasta la apertura del canal de Panamá, en 1914, Port Stanley mantuvo su lugar estratégico en las rutas marítimas. Un negocio paralelo al tráfico fue el del "raqueo", la compraventa de naves siniestradas. Durante la segunda mitad del siglo xix y las primeras décadas del xx, balleneros de todo el mundo tuvieron las aguas lindantes a Malvinas y el Atlántico Sur como territorio de caza, y también tocaban Malvinas. Eso hizo que muchos de ellos pasaran tiempos prolongados en las islas, dedicándose a actividades navales o a la espera de otra nave que necesitara completar su tripulación.

En los primeros años, el desarrollo de la actividad agropecuaria siguió los pasos diseñados por Luis Vernet. Un impulso decisivo para la economía de las islas lo dio Samuel Lafone, un comerciante inglés radicado en Montevideo, quien retomó la idea de explotar el ganado bagual que había ilusionado a Luis Vernet e impulsó el traslado de colonos y ganado a las islas. Muchos de ellos eran capataces y paisanos de estancias en la Banda Oriental y Buenos Aires.

En 1849 llegaron a Malvinas los *Chelsea Pensioners*, un grupo de treinta veteranos del Ejército, con sus familias. A cambio de tierra y vivienda, oficiaban de milicia local. Algunas de las casas construidas para ellos se pueden ver en la actualidad. El cuarto gobernador de Malvinas, James Mackenzie, fomentó y logró la radicación de colonos escoceses.

La vida en las islas, en los primeros tiempos, era precaria. Más allá del tráfico regular de distintos barcos, los isleños pasaban muchos meses solos. Paradójicamente, estaban expuestos a gran cantidad de enfermedades traídas por los barcos, que eran la base de su bienestar. En 1855 hubo una epidemia en Stanley. En tres semanas, una familia vio morir a sus cuatro hijos, mientras que otra–los Yates– perdió a seis niños entre el 25 de septiembre y el 13 de noviembre. Otra epidemia particularmente grave, en este caso de bronquitis, se produjo en 1890.

19

Comienza la disputa

Escribió el historiador Arnoldo Canclini que "casi todo lo que se conoce como 'historia de las Malvinas' no transcurre allí sino en Buenos Aires, Madrid, Londres, Montevideo y otros lugares". Se refiere a que el destino del archipiélago (y, más ampliamente, el de los países más "nuevos", como la Argentina) era decidido a millares de kilómetros, donde se dirimía la política de las monarquías europeas. Cuando el marino inglés Onslow expulsó al marino porteño Pinedo, en un remoto rincón del Atlántico, los representantes del gobierno de Buenos Aires tuvieron que llevar el reclamo al Viejo Mundo.

El 2 de febrero de 1825, se firmó en Buenos Aires el *Tratado de Amistad, Comercio y Navegación* entre el Reino Unido de la Gran Bretaña y las Provincias Unidas del Río de la Plata. Se trataba de un reconocimiento de hecho de la independencia argentina y en él los británicos no hacían ninguna reserva de sus derechos sobre Malvinas. Sin embargo, la presencia de Luis Vernet en las islas y la presión del cónsul estadounidense George Slacum hicieron que, seis años después, el encargado de negocios inglés en Buenos Aires, Woodbine Parish, protestara por el decreto de creación de la comandancia política y militar de Malvinas, que ya tenía dos años y medio (1829). La protesta fue en paralelo a las disputas entre el gobierno porteño y el representante de Estados Unidos por los barcos requisados por Vernet en Malvinas. Según el historiador Julius Goebel, Slacum azuzó a los británicos y Parish le manifestó que Gran Bretaña nunca había renunciado a sus títulos sobre las islas.

La crisis que derivó en la ocupación británica de 1833 coronó proyectos anteriores para hacerse con las islas Malvinas y obligó a los gobiernos rioplatenses a desplegar acciones diplomáticas con vistas a la restitución del archipiélago. Manuel Moreno era el representante argentino en Londres y llevó a cabo una intensa actividad en relación con las islas. Presentó una nota de protesta a lord Palmerston, secretario para los negocios extranjeros del Reino

Unido, en junio de 1833, en la que mostró los títulos históricos y jurídicos de las Provincias Unidas del Río de la Plata e incluso argumentó erróneamente que España había comprado las islas a Francia (en ocasión del reconocimiento de soberanía por parte de Louis Antoine de Bougainville). Palmerston le respondió que al abandonar Port Egmont, en 1774, los británicos habían dejado "señales de pertenencia". Un año y medio después, Moreno repitió los argumentos ante el primer ministro, lord Wellington (el vencedor de Napoleón en Waterloo): "las Provincias Unidas han probado con documentos intachables que sus títulos a las Malvinas o sea a la Isla de la Soledad o Port Louis (separada de Port Egmont por un canal de mar) son: compra legítima de Francia, prioridad de ocupación, cultivo y habitación formal; en fin, posesión notoria y tranquila de más de medio siglo hasta el momento en que han sido despojadas por la fuerza". La idea de la compra no era novedosa: los Estados Unidos habían acrecentado sus territorios de esa manera, incorporando Luisiana y Florida (compradas a Francia y España respectivamente).

Pese a las protestas reiteradas, en 1842 el secretario de Asuntos Exteriores británico, lord Aberdeen, informó a Moreno que Su Majestad británica había decidido establecer una colonia permanente en Malvinas. El representante argentino rechazó esta decisión y reclamó una indemnización para la Argentina por la ocupación. También le entregó un *dossier* con documentos e información histórica que fundamentaba los reclamos argentinos.

En el camino, Moreno ensayó una serie de alternativas para resolver la disputa. Una de ellas fue la de sugerir un salomónico reparto, tomando en consideración la reclamación de Port Egmont. En la minuta de una reunión celebrada en 1842, quedó anotado que las quejas eran por la "isla del Este" (Soledad) porque allí "nunca hubo disputa alguna que siempre había sido española".

En 1849, luego de varios años de bloqueo, la Confederación Argentina y Gran Bretaña firmaron el tratado Southern-Arana, ratificado en Buenos Aires, al año siguiente. Este puso fin a la intervención armada británica en el Río de la Plata, que llegó a picos como el combate de la Vuelta de Obligado. Algunos historiadores, tanto argentinos como británicos, señalan que, dado que en él los argentinos no hicieron referencia alguna a la controversia por Malvinas y en cuanto era un tratado de paz (si no hay reserva, los territorios no mencionados resultan confirmados como integrantes del correspondiente signatario), este silencio ratificaba la posesión británica (recordemos que, a la inversa, algo semejante indicamos en el caso del tratado de 1825).

20

Falkland Islands Company:
la Compañía

Uno de los edificios emblemáticos de Port Stanley es un galpón blanco con techos verdes marcado por un gran cartel de letras blancas y negras: *Falkland Islands Company (FIC)*. "La Compañía", la FIC, es uno de los símbolos, tal vez "el" símbolo, de la presencia británica en las Malvinas. Nació poco después de la creación de la gobernación, en 1851, y se debe a la confluencia de los esfuerzos de dos comerciantes que inicialmente fueron competidores: Samuel Lafone y John Dean. A partir de ambos emprendimientos, a finales de la década de 1880, se conformó un auténtico monopolio que rigió la vida económica de las islas y llegó a condicionar las relaciones entre Argentina y Gran Bretaña, tanto como para hacer naufragar un intento de acercamiento diplomático concreto en 1968.

Poco después de su llegada al archipiélago, al igual que Vernet, el gobernador Richard Moody hizo imprimir en Londres un folleto para atraer inversores y colonos a las islas. Uno de los lectores fue Alexander Lafone, un comerciante inglés que había vuelto poco antes desde Montevideo, donde tenía una sociedad con su hermano Samuel. Este había llegado a Buenos Aires unos años después que Vernet, en 1823, buscando intervenir en el negocio de los cueros (su padre tenía una curtiembre en Liverpool). Su mayor fortuna la hizo después de trasladarse a Montevideo. Se transformó en proveedor y financista de colorados y unitarios durante la Guerra Grande (1839-1851), en la que la ciudad fue sitiada.

Samuel ya tenía interés en Malvinas y había tenido contacto con Vernet, quien en ese momento estaba buscando la forma de ser resarcido por los daños a su colonia. Cuando se enteró de la propaganda de Moody, Lafone intentó asociarlo a su empresa, pero Vernet aún esperaba que todo se solucionara por la vía diplomática, lo que no sucedió. En 1842, Samuel Lafone envió a las islas a Marcelino Martínez, un administrador de estancias de Buenos Aires, para que viera las posibilidades del lugar. En 1846, Alexander Lafone, como socio, firmó en Londres un contrato que les adjudicaba la península austral de la isla Soledad, conocida hasta entonces como Rincón del Toro (actual Lafonia). Los hermanos se comprometieron a construir un saladero en un lugar llamado Hope Place, corrales y ranchos de piedra, y a llevar la gente necesaria. La empresa, que sería el origen de la FIC, se conformó en 1851.

El administrador que eligieron, Richard Williams, pasó algunos meses en Uruguay y contrató "una tropa de gauchos experimentados, bajo la dirección de un capataz o líder llamado Lorenzo", cuyo apellido era Fernández y aún está presente en la toponimia local. Sin embargo, las ganancias no eran tan abundantes como esperaban y Samuel Lafone buscó la forma de mejorar la situación. La salida fue crear una sociedad nueva, que se comprometía a "dedicarse a la captura del ganado bagual, transporte de animales mansos y de gauchos, desarrollo de ovinos, establecimiento de un almacén en Port Stanley, exportación e importación". Fue la base de la Falkland Islands Company.

Mientras los Lafone hacían estos intentos, otro comerciante, John Markham Dean, se había establecido en Malvinas en noviembre de 1840. En Port Stanley, abrió un almacén y una planta para desecar pescado, se dedicó al rescate de naufragios (el "raqueo") y a las reparaciones navales (se supone que construyó un astillero). Con sus ganancias creó una firma, J. M. Dean & Sons. Más tarde también se dedicó a la actividad ganadera, comprando las explotaciones de algunos pobladores. Además, era el agente de la empresa Lloyds (la gran aseguradora naval) y también prestaba dinero. Se transformó en un verdadero dolor de cabeza para la FIC: vendía más barato, daba crédito y los colonos confiaban en él. En 1888, sin embargo, al morir Dean, sus hijos vendieron la mayor parte de sus negocios a la FIC, salvo el *West Store* (que todavía existe) y algunas estancias.

A partir de ese momento, la FIC monopolizó la economía de las islas. Concentró el comercio, el transporte y la explotación ovina, la única actividad productiva. Sus gerentes y encargados eran a la vez figuras prominentes de la política isleña. En la segunda mitad del siglo xx, la FIC poseía la mitad de las tierras útiles malvinenses. Algunos atribuyen a este monocultivo el estancamiento de la economía de Malvinas y el agotamiento de las pasturas.

21

El país de las ovejas

Aún hoy en día muchos asocian a las islas Malvinas a la explotación lanar, como una consecuencia de la excluyente dedicación a la ganadería ovina, monocultivo que fue central en su economía durante aproximadamente un siglo y medio, desde la ocupación inglesa hasta la década de los noventa, en que las ovejas fueron desplazadas por los calamares, y la ganadería, por la pesca. Las ovejas llegaron a las Malvinas trasplantadas por los europeos a mediados del siglo XIX. Sucedieron a los nueve caballos de Bougainville, a las vacas y cerdos de españoles y franceses, a los conejos que las tripulaciones de algunos barcos dejaban sueltos para que se reprodujeran y así poder tener comida fresca cuando tocaban las islas.

Al parecer, las primeras fueron llevadas a Malvinas por John Whittington, cuyo hermano George fue un comerciante que llegó a poseer una de las concesiones de tierra ofrecidas por Vernet, al norte de la isla Soledad. Eran de raza merino, Leicester y Lincoln. Llegaron en 1841. Había expectativas positivas sobre la aclimatación de las ovejas, pero los comienzos fueron muy difíciles y los hermanos tenían malas relaciones con las autoridades. Al año siguiente, llevaron otros trescientos ejemplares desde Montevideo, pero dos tercios murieron durante en el viaje.

En los primeros años, las condiciones del viaje eran nefastas para los animales. A eso, se sumaron el clima hostil y algunas enfermedades, sobre todo la sarna, que arribaba a las islas con los nuevos lotes de animales. Para dar una idea, en 1845, de novecientas ovejas llevadas a las islas, sobrevivieron ciento ochenta.

El contrato por el que Lafone comenzó a invertir en las Malvinas estipulaba, además de los animales baguales que podía cazar, cuántos vivos debía introducir. Para 1856, debería haber llevado a Malvinas diez mil ovejas y cien carneros. Como curiosidad, las llevó desde la actual provincia de Río Negro. Con posterioridad, en otras ocasiones, para mejorar las razas, fueron enviados ejemplares desde estancias en Tierra del Fuego.

A principios del siglo xx, había en Malvinas alrededor de ochocientas mil cabezas lanares. Sin embargo, el promedio histórico fue de alrededor de seiscientas mil. Esta actividad presentó dos dificultades: la fuerte dependencia de la demanda externa (y las fluctuaciones de los precios) y el agotamiento de las pasturas, que ya fue una preocupación a comienzos del siglo xx.

Durante un período breve, a finales del siglo xix, se exportó ganado en pie a Inglaterra. Hubo intentos por explotar la carne. Hubo compras desde algunos frigoríficos patagónicos, pero con escaso éxito. En 1911, la Falkland Islands Company (FIC) construyó una enlatadora de carne en Goose Green, que tuvo una importante actividad como consecuencia de la Primera Guerra Mundial (las latas de carne eran marca *Malvinera*). Después, la producción decayó y, en 1921, la fábrica cerró. Igual suerte corrió un frigorífico construido por las autoridades en San Carlos. Durante la guerra de 1982, funcionó como hospital de campaña británico (lo bautizaron *The Green and Red Life Machine*) y luego alojó prisioneros argentinos.

Históricamente, la explotación ovina se ha concentrado en la lana. Hasta la década de 1980, se exportaban unas dos mil toneladas anuales, con picos en determinadas coyunturas favorables, como la Segunda Guerra Mundial y la Guerra de Corea.

Sin embargo, desde esos años, los precios internacionales de la lana han tenido una tendencia decreciente, sobre todo por la competencia de las fibras sintéticas. La concentración productiva en una sola actividad se revelaba dañina y eso tuvo impacto no solo económico sino demográfico.

22

Caminos cruzados en el Atlántico Sur

Entre 1878 y 1885, con epicentro en la gran campaña militar del año 1879, el gobierno nacional argentino realizó lo que en la Historia clásica argentina aún se conoce como *Conquista del Desierto*. Mediante ese proceso, el moderno Estado ocupó extensos territorios hacia el Sur, a costa de sus habitantes originarios, sobre todo mapuches y tehuelches, quienes fueron exterminados, desplazados y confinados. Como resultado de ese proceso, miles de kilómetros cuadrados de la región pampeana y patagónica pasaron a la soberanía efectiva argentina, aunque tenemos que imaginar que esos espacios, en los primeros años, se parecían al actual mapa mudo de la Argentina. Solo eran un contorno, que, con las concepciones propias de la época, sus nuevos gobernantes buscaron "rellenar", mediante su inserción en el mercado mundial, la inmigración y el establecimiento de guarniciones militares y asentamientos urbanos.

En 1884, mediante la "ley de territorios", fueron creados por el gobierno argentino los territorios nacionales de Chaco, Formosa, Misiones, La Pampa, Neuquén, Río Negro, Chubut, Santa Cruz y Tierra del Fuego, que estaban bajo la autoridad directa del gobierno central, que designaba sus autoridades. Dos tercios de lo que actualmente es el territorio argentino caían bajo su jurisdicción, y seis de los territorios nacionales estaban en el Sur, lo que da una idea de que debemos tener cuidado al hablar de *consolidación del Estado argentino* a finales del siglo xix. Muchos de los territorios eran zonas de frontera, con límites en construcción con los países vecinos, sobre todo Chile, con el que se disputaban los territorios australes. Hasta los "pactos de mayo" (1902) se vivieron situaciones de tensión que llevaron a una verdadera carrera armamentista en América del Sur.

En 1884, fueron creados los seis territorios nacionales del sur del país. Para gobernar el de Santa Cruz fue designado el capitán Carlos María Moyano, una de las figuras más destacadas en la historia patagónica. Antes de ser nombrado gobernador, había navegado con Luis Piedrabuena y participado como topógrafo y cartógrafo en expediciones del perito Francisco Moreno. Compartía, probablemente, las concepciones acerca del "desierto" que invisibilizaba a los aborígenes. Por eso, para otorgarle "contenido" a su territorio, se dedicó a poblarlo y darle una actividad rentable. Las Malvinas estaban allí nomás, a la mano, como una solución.

Su nombramiento coincidió con una época en la que las tierras de las islas ya estaban todas distribuidas, por lo que, en pequeña escala, estaban expulsando colonos. Por otra parte, los vínculos entre el continente y el archipiélago eran comunes, mucho más que actualmente. Carlos Moyano viajó a Malvinas con la comisión de ofrecer tierras a los isleños y comprar ovejas para desarrollar la actividad en Santa Cruz. Estaba facultado para "preparar y convenir arrendamientos del suelo con los habitantes de las Islas Malvinas". El objetivo era interesar a agricultores que ya estuvieran adaptados al clima austral, pero, sobre todo, contrapesar el poblamiento que desde el estrecho de Magallanes ya se estaba produciendo y frenar las intenciones chilenas de extender su influencia sobre el flamante territorio nacional.

Al comienzo cruzaron al continente dieciséis familias, alrededor de ochenta personas. Afirma Arnoldo Canclini que establecieron veintisiete estancias. Aunque la vida era dura, eso entusiasmó a otros pobladores, que llegaron desde Malvinas y también desde Escocia (origen que compartían con los malvinenses). Apellidos como Halliday, Hamilton, Patterson, Lewis, Scott, Watson tienen raíces en las islas y el continente, y en este, a ambos lados de los Andes. Esto se debe a que las relaciones entre la región de Punta Arenas y las islas siempre han sido y son muy fluidas. Algunos de estos colonos se hicieron famosos porque llevaron inmensos arreos de ganado desde el norte a sus estancias en el sur. Pero muchos otros, sin llegar a poseer grandes extensiones de tierras, también poblaron el continente. Sus apellidos son los mismos de los de familias típicas de las islas: Miller, Biggs, Pitaluga, Cameron, Felton… Al igual que en otros lugares de la actual Argentina, la presencia de ciudadanos británicos fue muy importante.

En su primer viaje, Carlos Moyano compró seiscientas ovejas a un comerciante y granjero próspero que (las vueltas de la vida) terminó siendo su suegro. Porque Moyano se enamoró de Ethel Turner, huérfana de madre desde hacía tres años y criada en el hogar de su tío James J. Felton, a quien el flamante gobernador compró el ganado lanar.

Como vemos, los cruces entre las islas y el Continente eran frecuentes, fluidos, y anclaban en lazos familiares y no solamente económicos.

23

1914: la Gran Guerra llega a las islas

En Port Stanley hay dos monumentos bien visibles. Uno, más reciente, es el de la "liberación", erigido para conmemorar a los soldados británicos muertos durante la guerra de 1982. El otro, ubicado en un punto elevado de la costanera, recuerda la gran batalla naval del 8 de diciembre de 1914, en la que una flota británica destruyó a otra alemana y le aseguró a Inglaterra el control del Atlántico Sur.

Cuando el tránsito naval se hizo muy intenso en el Atlántico Sur, a fines del siglo XIX, los británicos construyeron la infraestructura mínima para transformar a Port Stanley en un punto de apoyo para su fuerza naval. Sin embargo, más allá de la edificación de unas baterías costeras, una estación de radio y la posibilidad de cargar carbón para las naves de guerra, no había grandes instalaciones. Port Stanley tuvo un papel relevante durante la guerra de los Bóers, en Sudáfrica (1899-1902), ya que el combate contra las guerrillas de afrikaneers requería grandes movimientos y aprovisionamientos navales.

Cuando estalló la Primera Guerra Mundial, en agosto de 1914, la flota alemana en el Pacífico, al mando del almirante Graf von Spee, abandonó el puerto de Tsingtao, que era su base más importante, rumbo al Este. El marino disponía de cruceros acorazados y ligeros relativamente nuevos, botados a comienzos de siglo. Como no encontraron gran posición, decidió operar sobre la costa chilena, doblar el cabo de Hornos y navegar hacia Alemania. A comienzos de noviembre de 1914, destruyeron una fuerza británica inferior en cantidad y calidad, en las cercanías del puerto de Coronel.

El Almirantazgo británico temía que la flota de Spee atacara sus colonias de África Occidental o los puntos de apoyo, como Santa Elena y las mismas Malvinas. Pero también sospechaba que podía dedicarse a atacar el comercio con el Atlántico Sur o llegar a Sudáfrica en apoyo de un movimiento insurgente bóer. En última instancia, si Spee lograba doblar el cabo de Hornos sin ser detenido, existía la posibilidad de que llegara a reunirse con el grueso de la flota alemana, en el mar del Norte, y constituirse directamente en una amenaza para las Islas Británicas.

Por eso, cuando llegaron las noticias de la derrota de Coronel, Londres envió una poderosa fuerza al Atlántico Sur al mando del almirante Sturdee, para cortarles la ruta a los alemanes. Cuando estos se acercaron a Port Stanley para bombardearlo, ignoraban que una flota inglesa estaba lista para enfrentarlos, mientras carboneaba.

Los buques británicos tenían un alcance de tiro mayor que el de los alemanes, por lo que pudieron cañonearlos sin exponerse. El barco insignia, el *Scharnhorst*, agotó sus municiones y se hundió con su tripulación y su jefe, Spee, formados en popa. También murieron dos de sus hijos. El *Gneisenau* recibió 15 andanadas cuando ya era un pecio inservible. Solo sobrevivieron 200 de sus tripulantes.

En Coronel, los británicos perdieron 2 naves y 1.500 hombres. En la revancha de la batalla de Malvinas, 4 barcos del escuadrón de Spee fueron hundidos (1 sufriría la misma suerte más tarde) y perdieron 2.100 hombres. Las pérdidas de los británicos fueron irrisorias: 5 muertos. Reafirmaron su control sobre las aguas del Atlántico Sur y redujeron la amenaza sobre las Islas Británicas. En Coronel, el almirante Craddock se hundió con su barco; el almirante Spee hizo lo mismo en aguas de Malvinas.

Durante la Gran Guerra, tanto Chile (donde se libró la batalla de Coronel) como Argentina (que reclama la soberanía sobre Malvinas) permanecieron neutrales. Sin embargo, las acciones de guerra de las potencias europeas incluyeron a ambos países en sus escenarios. En todo caso, el combate naval de 1914 revela que, cuando –más de un siglo y medio antes– Anson había recomendado el establecimiento de una base naval en el archipiélago de Malvinas, había estado acertado.

24

La causa nacional

Algunos historiadores británicos señalan que, por más de treinta años, a partir de 1849 (la última presentación del embajador de la Confederación Argentina Manuel Moreno a las autoridades de Gran Bretaña), no hubo reclamos argentinos por las islas Malvinas. Según esta mirada, eso fortalecería la idea de una prescripción del litigio, debido a un lapso prolongado de presencia pacífica en las islas sin protestas por parte del vecino despojado. Sumado esto a los más de ciento ochenta años de ocupación, se cerraría la cuestión. El énfasis en este silencio, por supuesto, permite desdibujar la forma en la que, como vimos, los ingleses llegaron a establecerse a las islas en 1833. Se trata de un énfasis diferente al que ponen los argentinos, quienes refuerzan la historia previa a la ocupación británica por la fuerza.

Conviene tener presente que durante la ausencia de reclamos se produjeron las luchas definitivas que llevaron a la consolidación del Estado nacional argentino moderno. Derrocado Rosas en 1852, hubo un nuevo período de guerras civiles, que culminaron recién en 1862 (aunque hubo algunos remezones posteriores) con la asunción del presidente Bartolomé Mitre. Pero a medida que la Nación Argentina ganó en fuerza y consolidó sus instituciones, la disputa volvió a surgir. Al mismo tiempo, el país ingresó al mercado mundial como productor de materias primas, profundamente inserto en el sistema económico internacional de los británicos. Tal vez estaría en una posición diferente para negociar.

En 1887, hubo una propuesta del presidente argentino Juárez Celman de arbitraje internacional para resolver el conflicto, que el Imperio británico rechazó.

Durante todos esos años, pero sobre todo a partir de la consolidación del estado nacional argentino, a partir del último cuarto del siglo XIX, comenzaron a acumularse obras e iniciativas tendientes a demostrar los derechos argentinos sobre las Islas Malvinas. Además de los antecedentes acumulados por las presentaciones de Manuel Moreno, distintos intelectuales argentinos produjeron trabajos relativos a las islas ocupadas por los británicos, en los que además advertían acerca de la importancia estratégica del archipiélago. Un recorrido somero por algunos de ellos permite ver, además de un proceso por el cual se acumularon "datos" sobre la disputa, cómo se fueron poniendo los hitos de la construcción de la "causa Malvinas", el mando histórico, político y cultural de la recuperación de las islas. Con el paso de los años, la argumentación cedió pasó a la profesión de fe en una idea.

El primero de los autores que llamó la atención sobre las islas fue José Hernández, el autor del *Martín Fierro* (entronizado posteriormente como el poema nacional). Como parte de sus actividades políticas, Hernández fue el editorialista de *El Río de la Plata*, un diario efímero que salió entre agosto de 1869 y abril de 1870, durante la presidencia de Domingo Faustino Sarmiento, a quien se oponía. Como muchas publicaciones de la época, era un diario de batalla, destinado a la polémica y en el que escribieron personalidades como Vicente Quesada y Estanislao Zeballos. A finales de noviembre de 1869, publicó, acompañadas de sendos editoriales, las cartas que sobre la situación de las islas Malvinas le había enviado su amigo Augusto Lasserre, quien había estado allí en dos ocasiones. El marino describía las actividades de la colonia inglesa, la explotación de pingüinos y lobos, y las actividades de la Falkland Islands Company (FIC) y el comerciante Dean. Los editoriales de Hernández señalaban la importancia de las islas y la necesidad de que la Argentina recibiera una reparación, ya que habían sido "usurpadas merced a circunstancias desfavorables, en una época indecisa, en que la nacionalidad luchaba aún con los escollos opuestos a su definitiva organización".

Pero fue, sin duda, el francés Paul Groussac (1848-1929) el intelectual creador de "Malvinas" como una causa nacional. En su proyecto cultural para la Argentina, otorgó a la recuperación de las Islas Malvinas un lugar central, especialmente desde su lugar como director de la Biblioteca Nacional entre 1885 y 1929. En 1910, año del Centenario, la publicación de su obra *Les Îles Malouines: nouvel exposé d'un vieux litige* constituyó la piedra basal para la construcción de una argumentación histórica favorable al reclamo argentino. Groussac dedicó de este modo la obra: "A la República Argentina ofrece esta evidencia de su derecho un hijo adoptivo". Desde un paradigma cientificista que evocaba el afán de Bartolomé Mitre por elaborar un relato nacional basado en documentos, el francés alumbró un texto destinado a probar, por esa vía, los derechos argentinos para sostener el reclamo sobre el territorio irredento.

En eso consiste la obra de Paul Groussac, que es, además del texto escrito por el francés, una selección documental que prueba los títulos españoles, y posteriormente argentinos, para reclamar la soberanía del archipiélago. La cita latina que abría la "nueva exposición de un viejo litigio" dejaba claro el sentido político que el autor le daba a su trabajo: *Adhuc sub judice lis est* ("La causa aún está en poder del juez"). Se trataba, entonces, de que los argentinos de esa república de inicios del siglo XX conocieran las raíces históricas de sus derechos para resolver un conflicto abierto.

Las primeras décadas del siglo XX produjeron el agotamiento del modelo agroexportador argentino y llevaron a algunos sectores a cuestionar las relaciones económicas, políticas y culturales establecidas por la élite dirigente con el Imperio británico. La denuncia de la dependencia, sobre todo con posterioridad a la crisis de 1929 y el golpe militar de 1930, alcanzó una gran fuerza e importantes consensos. En ese contexto, el archipiélago usurpado de Malvinas se convirtió en una piedra basal de dichas críticas. Los hermanos Irazusta fueron dos de los intelectuales que dieron forma a la corriente conocida como *revisionismo histórico*. Esta, con la misma certeza acerca del agotamiento de un modelo político, impulsó una reescritura de la Historia en función de esa constatación. *La Argentina y el imperialismo británico*, publicado en 1934, es una de las obras clave para comprender esa corriente de pensamiento. Paralelamente, en otro registro, Raúl Scalabrini Ortiz, uno de los fundadores de FORJA (Fuerza de Orientación Radical de la Joven Argentina), enfocaba el análisis de la dependencia en obras como *Política británica en el Río de la Plata* o *Historia de los ferrocarriles argentinos*. En el *Manifiesto al Pueblo* de FORJA, de 1935, vemos de qué forma analizaban grupos con esta orientación la situación de la Argentina: "el capitalismo británico tiene en sus manos por medio del trust frigorífico y de los transportes marítimos, el dominio de la industria ganadera, a la vez que los comercios de tiendas y almacén más completos y poderosos de las ciudades principales del país, así como el comercio de las máquinas agrícolas. Se debe tener en cuenta también que las empresas ferroviarias inglesas dominan toda la zona portuaria de ultramar del país, desde Bahía Blanca a Rosario, así como las zonas de los territorios del sur y la cordillera. Vale decir, todas las puertas aduaneras y estratégicas de la República, sin contar la dominación marítima que ejercen en los territorios del sur, con la posesión de las islas Malvinas y el absoluto predominio industrial y comercial que el capitalismo británico tiene en dichos territorios".

Es interesante ver que en torno a Malvinas se encuentran a figuras que podríamos ubicar en campos ideológicos diferentes, pero el símbolo nacional que las islas constituyen es convocante, incluso por encima de esas diferencias.

Los Irazusta y Scalabrini Ortiz expresan las dos vertientes que tuvo el revisionismo nacionalista argentino en la década de los treinta: conservadora, en el caso de los Irazusta; nacional y popular, la de Scalabrini Ortiz.

Más entrado el siglo xx, algunos intelectuales en diálogo con la cultura de masas fueron clave en la extensión de la causa de Malvinas. Ese fue el caso de Juan Carlos Moreno, autor de *Nuestras Malvinas*, un libro que circuló ampliamente entre actores educativos y sectores nacionalistas desde su publicación, en 1938. El autor visitó las islas con el apoyo de una "Junta de Recuperación de las Malvinas". Desde su primera edición, recorrió el país dando conferencias acerca de la importancia de la causa de las Malvinas y publicó en la mayor parte de las revistas de divulgación de la época. Ediciones posteriores incorporaron, además, información sobre la Antártida.

25

En la escuela

Veamos dos publicaciones oficiales relativas a las islas Malvinas editadas el mismo año, en 2013. Una se llama *Malvinas para todos. Memoria, soberanía y democracia*, y la editó el Ministerio de Educación argentino. La otra se titula *Our Islands, Our History* ("Nuestras islas, nuestra historia") y fue editada por el Museo de las Falkland Islands. Es decir, una expresa la "visión argentina", y la otra, la "visión isleña", afín a la británica. Es interesante comparar las líneas de tiempo que ambos cuadernillos incluyen. La publicación argentina hace comenzar la historia de Malvinas en 1492, con la llegada de Colón a América, continúa con el tratado de Tordesillas (1494), llega hasta 1520 (avistaje de las islas por naves españolas) y "salta" hasta 1766, con la instalación inglesa en Port Egmont, la expulsión española (1770), las invasiones inglesas (1806-1807), la asunción de Luis Vernet (1829) y la ocupación británica de Malvinas (1833), a la que califica de "invasión". La publicación malvinense es diferente. Su línea de tiempo arranca con el avistaje de John Davis (1592) y el desembarco de John Strong (1690). Menciona a Bougainville y la fundación de Port Louis (1764), para llegar a la entrega (que llama "venta") a España. De hecho es más minuciosa, pues menciona la llegada de Jewett a Malvinas (1820). Menciona a Vernet y su llegada en 1829, aunque relativiza sus derechos. También el ataque de la *Lexington* (1831). Pero a la ocupación de 1833 la califica de "reasunción del control de las islas por Gran Bretaña".

Ambas ignoran, por ejemplo, al pobre Sebald de Weert, el primero que nadie discute que haya visto las islas.

No cuentan dos historias distintas, pero sí desde una perspectiva diferente. A partir de esto, podemos plantear la idea de que las pertenencias, la propiedad sobre los lugares, más allá de los hechos históricos, de lo que "verdaderamente sucedió", se enseña y se aprende; y, para hacerlo, de alguna manera se "congela" en el tiempo. De esta manera, lo que los seres humanos hicieron se transforma en símbolos, en causas que las sociedades toman y se transmiten entre generaciones. Esto es particularmente visible en el caso de las islas Malvinas, en litigio desde mediados del siglo xix.

Como señala el historiador Richard Gott, durante muchos años los niños británicos se educaron con un libro llamado *La historia de nuestro Imperio* (*Our Empire Story*), que circuló en numerosas ediciones desde el año 1908. Allí se presentaba el relato desde la capital del Imperio y con una perspectiva por la cual los británicos habían "civilizado" el mundo. La historia contada también ofrecía elementos identitarios a los habitantes de las colonias, entre ellas, por supuesto, las islas Malvinas. Según Gott, "para los niños del Imperio esta obra representó todo lo que ellos iban a saber sobre la historia del mundo en que vivían".

Muchas naciones modernas, como la Argentina, apelaron a la enseñanza de la Historia y la Geografía para construir una identidad común. El mejor ejemplo es reflexionar un instante en de qué manera nuestra forma de pensarnos como argentinos está atada a determinadas fechas y personajes, a las efemérides, que hasta hace unos años eran momentos centrales en la vida escolar. Esas fechas, esas personas construyen determinado "pasado nacional". Se esperaba que la Historia construyera una identidad y transmitiera valores considerados positivos para la sociedad. Inclusive los relatos históricos que cuestionan lo que se llama *historia oficial* discuten alrededor de esas mismas fechas, solo que ofreciendo una interpretación diferente. Sucede algo parecido con la Geografía, que es la que enseña "los límites" del territorio nacional. De esa manera, algunos aspectos del pasado y de la geografía terminan siendo "naturalizados". La Argentina –y el Imperio– siempre ha sido así, hay cosas que "son nuestras" y otras que no lo son.

Esto se ve especialmente en la cuestión de las islas Malvinas, que se transformó en una "causa nacional", entre otros motivos, debido al modo en el que fue transmitido el tema en las escuelas. Era la historia de una usurpación, de un espacio faltante en el mapa, que debía recuperarse para "estar completos" como nación.

Pero, además, destacados intelectuales y políticos tomaron la cuestión de Malvinas como una "causa nacional". Uno de ellos fue el socialista Alfredo Palacios quien, en 1934, como senador, presentó un proyecto de ley para publicar y traducir la obra de Paul Groussac, para que "todos los habitantes de la República sepan que las islas Malvinas son argentinas y que la Gran Bretaña, sin título de soberanía, se apoderó de ellas por un abuso de la fuerza". La ley fue aprobada y la obra se editó en castellano, fue a todas las bibliotecas populares y, en una versión reducida, a las escuelas.

Las Malvinas eran un emblema, también, para distintas corrientes políticas que, atravesadas por el nacionalismo, cuestionaban la estructura política y el proyecto social y económico de la Argentina agroexportadora. Durante la década de los treinta, llamada *infame*, en la que Palacios presentó ese proyecto, diversos sectores tomaron el símbolo de las Malvinas para denunciar la presencia imperialista británica en el Río de la Plata y la subordinación de los gobiernos nacionales a sus intereses.

De esta manera, por obra de las escuelas y de la apropiación política, la disputa por la soberanía de las islas Malvinas y su recuperación se transformaron en una causa nacional.

Durante las dos primeras presidencias peronistas, además de un decidido impulso a la presencia argentina en la Antártida, las Islas Malvinas ganaron preponderancia en el sistema educativo público. Pero fue durante la década de 1960, cuando además Argentina obtuvo (como veremos más adelante) sus mayores logros diplomáticos en la disputa, que distintos actores (el Estado, intelectuales, fuerzas políticas variopintas) transformaron la recuperación de las Islas Malvinas en una de sus banderas, en una causa nacional.

Con el pequeño detalle de que, al ser pensadores y fuerzas diferentes, lo que entendían por "nacional" no necesariamente era lo mismo. Pero las islas, al estar usurpadas, ajenas al territorio, al cuerpo de la nación, podían colocarse "por encima" de tales disputas. El archipiélago comenzaba a transformarse en una posibilidad de redención y reencuentro.

26

Naciones Unidas:
nace la "cuestión Malvinas"

Cuando terminó la Segunda Guerra Mundial, la comunidad internacional creó una institución supranacional, la Organización de las Naciones Unidas (ONU). Se trataba de regular la convivencia entre los Estados en un mundo que emergía de una hecatombe y entraba en la era atómica, en el contexto del sordo enfrentamiento entre la Unión Soviética y los Estados Unidos conocido como la Guerra Fría (1945-1989).

Una de las consecuencias de la conflagración mundial fue la lenta desarticulación de los restos de los imperios coloniales europeos. Muchos pueblos sometidos iniciaron luchas de liberación para terminar con la dominación de las potencias coloniales y conformar naciones independientes. Fue un proceso violento y extendido en el tiempo, que tuvo epicentro en África y Asia: la India (con la revuelta no violenta de Gandhi), Indochina, Argelia, el Congo fueron algunos de los escenarios. La ONU creó un Comité Especial de Descolonización, donde se presentaban casos para su consideración. Se afirmaba que los pueblos con identidad cultural y una conciencia nacional tenían derecho a la soberanía. Esta "voluntad" soberana extinguía los derechos del país colonial, o sea que básicamente se trataba de los derechos de etnias y pueblos oprimidos por sus explotadores europeos: comunidades y naciones preexistentes a la dominación europea, sometidas durante la expansión colonialista de países como Francia, Gran Bretaña, Bélgica y Holanda.

La Carta de la ONU consagró el principio de autodeterminación de los pueblos, lo que legitimaría las luchas de liberación en el mundo. Los pueblos tienen el derecho de determinar libremente, sin intromisiones de otros países, su estatus político, así como de elegir las formas para su desarrollo económico, político y cultural. En el contexto de la posguerra, se sobreentendió que, en los territorios coloniales, esto significaba fundamentalmente "habitantes no europeos de las colonias", es decir, las comunidades sometidas.

Desde la creación de la ONU (en realidad, desde las reuniones previas a su conformación) Argentina presentó la cuestión de las Malvinas. En 1960, la ONU aprobó la resolución 1514 (XV) que proclamaba "la necesidad de poner fin, rápida e incondicionalmente, al colonialismo en todas sus manifestaciones". Al mismo tiempo, consagraba dos principios fundamentales que regirían ese proceso: el de autodeterminación y el de integridad territorial.

En el Atlántico Sur, ambos principios plantearon cuestiones complejas. Recordemos que en Malvinas no hay pueblos originarios sometidos, sino una población fruto de la instalación violenta de un régimen colonial por parte de Gran Bretaña luego de un hecho de fuerza por el que expulsó a las autoridades anteriores (el incidente de 1833). De este modo, la situación en Malvinas es "particular": es un enclave colonial, pero sin que haya un conflicto entre un pueblo sojuzgado y una metrópoli, sino entre dos Estados soberanos que se consideran con derechos sobre el mismo territorio.

En cuanto a la idea de la integridad territorial, la resolución 1514 establecía que "todo intento encaminado a quebrar total o parcialmente la unidad nacional y la integridad territorial de un país es incompatible con los propósitos y principios de las Naciones Unidas".

En 1965, la Asamblea General de las Naciones Unidas aprobó una nueva resolución, la 2065 (XX), que reconocía la existencia de un conflicto de soberanía entre Argentina y Gran Bretaña, e invitaba a ambos países a negociar para encontrar una solución pacífica a la disputa por las islas.

Ambas resoluciones, la 1514 y la 2065, fueron el marco en el que se canalizó la controversia diplomática por el archipiélago, conocida como la "cuestión de las islas Malvinas". En síntesis, identificaban el caso como una de las situaciones coloniales que había que terminar, reconocían dos partes en el conflicto: Argentina y Gran Bretaña que debían resolver pacíficamente la disputa. Las negociaciones debían tener en cuenta el principio de la integridad territorial. En cuanto a la idea de la autodeterminación, la resolución 2065 tomaba nota de la peculiar situación de la población de las islas: la disputa debía resolverse teniendo en cuenta los "intereses" de los *kelpers* y no sus "deseos". Para el espíritu de la descolonización, que nutrió las discusiones internacionales en esos años fundacionales de la posguerra, los malvinenses no eran una población sometida, sino instalada en Malvinas por la potencia ocupante, en litigio con la Argentina.

La ONU, por supuesto, no se definió ni se definirá nunca a favor de la

Argentina o Gran Bretaña, sino de las "negociaciones". Sin embargo, a mediados del siglo xx, sí fue taxativa al definir que no había tres partes en conflicto, sino dos. Ese es, formalmente, el marco en el que se mantiene la disputa hasta hoy. Solo que es evidente la asimetría entre Argentina y Gran Bretaña en las Naciones Unidas, en las que por ejemplo la vieja potencia tiene derecho de veto, por ser miembro del Consejo de Seguridad.

27

En avión a Malvinas

Como si la prolongación de la disputa con Gran Bretaña exacerbara su impaciencia, algunos argentinos, en la década de los sesenta del siglo xx, intentaron llegar a las Malvinas por el aire.

En 1964, un piloto civil argentino, Miguel Fitzgerald, de padres irlandeses, voló en una avioneta a las islas Malvinas. Salió del aeroclub de Río Gallegos, que no estaba controlado por la Fuerza Aérea. Aterrizó en el hipódromo de Port Stanley, fijó una bandera celeste y blanca a un alambrado y le entregó en un sobre una proclama a un isleño, James Shirtchiss, quien se acercó en moto y le ofreció combustible. Luego, carreteó y regresó al continente. No estuvo más de quince minutos en las islas. Había bautizado a su avioneta, un Cessna, *Don Luis Vernet*.

Dos años después, se produjo un episodio legendario. El 28 de septiembre de 1966, un comando de dieciocho militantes nacionalistas secuestró un avión DC 4 de Aerolíneas Argentinas que, con el número de vuelo 648, hacía su recorrido entre Buenos Aires y Ushuaia, y lo desvió a las islas Malvinas. Fue el primer secuestro aéreo de la historia. Como aún no había aeródromo, tuvieron que aterrizar en el hipódromo (la misma "pista" elegida por Fitzgerald). Ese año gobernaba en la Argentina una dictadura militar, encabezada por Juan Carlos Onganía. El peronismo, la principal fuerza política popular, estaba proscripto. En ese contexto, un grupo de militantes nacionalistas peronistas planificó un operativo singular, al que bautizaron *Cóndor*: el secuestro de un avión y su aterrizaje en Malvinas. Pensaban realizarlo el 20 de noviembre, Día de la Soberanía y aniversario del combate de la Vuelta de Obligado, pero decidieron adelantar la fecha para hacer coincidir su acción con la llegada a Buenos Aires del duque británico Felipe de Edimburgo, en un viaje protocolar que incluyó un partido de polo con Onganía.

El líder del grupo era Dardo Cabo, de 25 años, un militante de la resistencia peronista, hijo de Armando, un dirigente de la Unión Obrera Metalúrgica (UOM). La única mujer del grupo era Cristina Verrier, quien era su pareja. Fueron ellos los que elaboraron el audaz y original plan. Convocaron a militantes de la Juventud Peronista, trabajadores, estudiantes y empleados, algunos vinculados a organizaciones gremiales. Muchos de ellos se enteraron del objetivo horas antes de partir. Dardo Cabo invitó a participar al director del diario *Crónica*, Héctor Ricardo García (que había cubierto el vuelo de Fitzgerald), a quien convocó a acompañarlo garantizándole una importante primicia, ya que el fin era darle visibilidad tanto a la causa de Malvinas como al golpe contra la legitimidad de la dictadura militar.

Por la mañana del 28, los isleños, asombrados, vieron un cuatrimotor que se aproximaba buscando pista para aterrizar, y se acercaron, fuera por curiosidad, fuera para prestarle ayuda. Del avión detenido saltaron los militantes armados, que les entregaron una proclama en inglés y los tomaron como rehenes. Los jóvenes plantaron siete banderas argentinas y rebautizaron a la ciudad *Puerto Rivero*, en honor al gaucho. Eran el *Grupo Cóndor*.

Los hombres de Dardo Cabo fueron rodeados por medio centenar de pobladores, integrantes de la milicia de defensa local, y tuvieron que reingresar al avión y atrincherarse (allí permanecían los pasajeros). Comenzaron tensas negociaciones en las que fue decisiva la ayuda del sacerdote católico de la isla, el padre Rodolfo Roel.

Acordaron que los pasajeros del avión secuestrado abandonaran la nave y fueran alojados en casas particulares del pueblo. Pero seguían en poder del grupo los *kelpers* tomados como rehenes, el avión permanecía rodeado y aún no se sabía la reacción que adoptaría el gobierno argentino.

Finalmente, el Grupo Cóndor liberó a los rehenes y entregó sus armas al comandante del avión de Aerolíneas Argentinas, para no reconocer la soberanía de las autoridades inglesas. Quedaron alojados en la iglesia de St. Mary, como "huéspedes de la Iglesia católica". Pasaron allí cuarenta y ocho horas. El 1º de octubre fueron embarcados en un buque de la Armada Argentina, el *Bahía Buen Suceso*. Ni bien se alejaron de la costa de Malvinas (y de las autoridades inglesas), fueron apresados. Los juzgaron y condenaron en Ushuaia, donde pasaron varios meses presos. Los delitos fueron "privación ilegal de la libertad" y "tenencia de armas de guerra", ya que el secuestro aéreo no era un delito tipificado.

28

Más cerca: 1968-1974

A finales de la década de los sesenta se produjeron una serie de acontecimientos diplomáticos que tuvieron consecuencias políticas y sociales prácticas. Acaso porque eran años turbulentos y los ecos del Mayo francés tocaron a los actores, o porque decidieron aplicar un criterio práctico para zanjar la disputa, las dos naciones involucradas en el conflicto por las islas Malvinas avanzaron en pasos concretos para romper la situación.

En julio de 1968, un ministro del *Foreign Office* (lord Chalfont) y el embajador argentino (Eduardo McLoughlin) aprobaron *ad referéndum* (es decir, con sujeción a lo que decidieran instancias superiores de gobierno en los respectivos países) un memorando que expresaba el punto exacto al que habían llegado las negociaciones. Proponían solucionar la disputa a través de "rápidos progresos con medidas prácticas para promover la libertad de comunicaciones y movimientos entre el territorio continental y las islas, en ambas direcciones, de un modo tal que estimule el desarrollo de vínculos culturales, económicos y otros". El punto central para los argentinos era: "el gobierno del Reino Unido, como parte de esa solución final, reconocerá la soberanía de la República Argentina sobre las islas a partir de una fecha a ser convenida". La fecha sería establecida una vez que el gobierno británico tuviera garantizada la salvaguarda de los "intereses" de los isleños. El documento señalaba que "los dos gobiernos comparten la opinión de que un cierto período de tiempo facilitaría el desarrollo de condiciones para un arreglo definitivo".

Leído desde el presente, con una guerra de por medio, parece de ciencia ficción, pero ocurrió. Era una apelación al sentido común, pero el contexto era difícil. En la Argentina, la dictadura militar de Juan Carlos Onganía dilató la aprobación, temerosa de estar haciendo excesivas concesiones a los británicos. Por su parte, lord Chalfont no solo padeció una campaña de prensa feroz en su contra, en vísperas dé su llegada a Port Stanley, sino que allí se encontró con la hostilidad de los isleños, quienes lo recibieron con desafiantes carteles de *Keep the Falklands British!* ("¡Que las Malvinas permanezcan británicas!") y otros menos amables y más directos de *Chalfont Go Home!* Esto, sumado al grupo de presión malvinense en Londres (el "*lobby* de las Falklands"), hizo que también en el lado inglés la iniciativa fracasara. La aprobación del dictador argentino, en diciembre, llegó tarde (tampoco él duro mucho: en mayo del año siguiente, el Cordobazo abrió una etapa nueva en la historia argentina).

Pese a esto, tres años después, los intentos fructificaron en la Declaración Conjunta del 1° de julio de 1971. Ambas naciones pusieron la soberanía "bajo un paraguas" (no se discutía) y avanzaron en la senda del fallido memorando del 68. Entre otras medidas, los residentes en Malvinas recibirían del gobierno argentino un documento de viaje (la *white card*) sin identificación de nacionalidad, para entrar y salir libremente del territorio argentino. Los británicos se comprometían a establecer un servicio marítimo regular con Malvinas, mientras que los argentinos prestarían un servicio aéreo semanal de pasajeros, carga y correspondencia. Al comienzo, como no había aeródromo, se utilizaron hidroaviones. Pero al año siguiente, en 1972, la declaración se amplió: Argentina construiría un aeródromo e iniciaría vuelos regulares a las islas, prestados por LADE (Líneas Aéreas del Estado), que abrió una oficina en Malvinas, al igual que se instaló una planta de YPF (Antares). Asimismo, llegaron a Malvinas maestras de español, enviadas por el gobierno argentino. Los isleños pudieron viajar al continente a atenderse en hospitales o enviar a sus hijos a hacer la escuela secundaria en colegios ingleses… Más banalmente, incorporaron a su dieta las frutas y las verduras frescas, una rareza antes de los acuerdos.

Parecía que muy de a poco ese acercamiento buscado comenzaba a construirse. Un mes antes de la muerte del presidente Juan Perón, en junio de 1974, el gobierno británico ofreció al argentino compartir la soberanía en las Malvinas. El embajador británico en Buenos Aires, James Hutton, le entregó un *non paper* (una propuesta no oficial) al canciller del gobierno peronista, Alberto Vignes. Las dos banderas flamearían juntas, el castellano y el inglés serían los idiomas oficiales, y el gobernador sería designado alternativamente por cada uno de los países. "Si ponemos un pie sobre las islas, no nos sacan más", le dijo a su canciller el anciano general. Los ingleses pensaban que solamente Perón podría imponer un acuerdo como ese a los argentinos. Pero, como el líder murió, perdieron el interés. En Argentina, por otra parte, parecía haber cuestiones más urgentes y dramáticas que la recuperación de las islas: el país se sumergía cada día más en su propia sangre.

29

Unos se hacen los tontos
y otros preparan la guerra

Pese a los avances diplomáticos y materiales, el Reino Unido mantenía su posición dilatoria en relación con Malvinas, sin acatar las instancias al diálogo de la Organización de las Naciones Unidas (ONU). La crisis del petróleo, en 1973, llevó a que los países centrales reforzaran la búsqueda de ese mineral en otros espacios controlados por la Organización de Países Exportadores de Petróleo (OPEP). Y fue entonces cuando, aunque tibiamente, comenzó a pensarse también en la posible existencia de petróleo en la plataforma continental submarina cercana a las Malvinas.

En 1974, Gran Bretaña envió una misión al Atlántico Sur, que realizó una detallada prospección por las islas Malvinas, que volcó en un informe muy detallado. La encabezaba Edward Shackleton, presidente de la Royal Geographical Society y ex ministro de Defensa. Pero, sobre todo, era un gesto simbólico importante porque Edward era hijo de Ernest, un famoso explorador que a comienzos del siglo xx había realizado numerosas expediciones a la Antártida y las Georgias. Shackleton sugirió una serie de reformas estructurales en las islas, destinadas a fortalecer la economía (por ejemplo, la subdivisión de los latifundios). No asignó mucha importancia al petróleo, aunque sí a la pesca de calamar. Pero señaló que cualquier iniciativa económica, aunque más no fuera por motivos prácticos, debía incluir a la Argentina.

Con ese informe en la mano, un funcionario británico, Ted Rowlands, viajó a Malvinas a entrevistarse con los isleños, pero encontró gran recelo y desconfianza porque sugirió la idea del condominio. Lo mismo hizo su sucesor, Nicholas Ridley, quien era parte del gobierno conservador de Margaret Thatcher. En 1980 llevó a las islas una propuesta llamada de *leaseback*: una transferencia nominal de soberanía sin efectos inmediatos. Las Malvinas serían declaradas argentinas, así figurarían en los mapas, pero a la vez Argentina se las "alquilaría" al Reino Unido por un tiempo prolongado, a determinar. El Consejo Legislativo de las islas rechazó la propuesta y reforzó con éxito su presión en Londres: muchos parlamentarios se opusieron al acuerdo y este fue vetado. Lo mismo hizo el gobierno dictatorial de Roberto Eduardo Viola.

En 1981, el gobernador inglés de Malvinas, Rex Hunt, y el embajador británico en Buenos Aires fueron citados a Londres. Allí se los informó que la Inteligencia británica tenía noticias de que, ante el estancamiento de las negociaciones, el gobierno argentino tenía planeada una salida de tipo militar. ¿Esto es verosímil? Sí. La segunda mitad de la década de los setenta argentina fue inestable y violenta. En 1976, las Fuerzas Armadas, con apoyo de los grupos de poder económico y algunas fuerzas políticas, dieron un golpe de Estado, derrocaron a María Estela Martínez, viuda de Perón, e iniciaron el "Proceso de Reorganización Nacional", una dictadura militar caracterizada por su contenido revanchista de clase, refundacional en lo económico (destruyó el aparato productivo) y definida por su metodología represiva basada en la desaparición forzada y sistemática de personas.

En 1981, el presidente de facto, Leopoldo Galtieri, llegó al poder a través de un acuerdo con el almirante Anaya. Este lo apoyaría en su acceso a la presidencia a cambio de que el Ejército impulsara la recuperación de las Malvinas, aun si este objetivo implicara la alternativa militar. La Armada Argentina tenía planes al respecto desde la década de los cincuenta. Y, desde 1976, desarrollaba una activa y agresiva presencia en el Atlántico Sur. En ese año, instaló por sorpresa una dotación científica en la isla Thule, de las Sandwich del Sur (Gran Bretaña solo protestó formalmente y el incidente se hizo público recién en 1978). Este éxito llevó a planificar un intento semejante para las islas Georgias del Sur.

La recuperación de Malvinas, uno de los objetivos que se habían fijado los nuevos militares en el poder, debía producirse indefectiblemente antes del 3 de enero de 1983, fecha en la que se cumplirían ciento cincuenta años de la usurpación británica. La proximidad del aniversario del siglo y medio de ocupación británica hizo que los militares consideraran que, ante un símbolo de tanta fuerza en la cultura política argentina, de no lograrse resultados satisfactorios al anhelo de soberanía, su impopularidad no haría más que aumentar. En el verano de 1982, los tiempos de la guerra comenzaron a acelerarse. La mutua intransigencia hizo lo suyo para que fuera así. Sin embargo, es importante señalar que, en febrero y marzo de ese año, meses antes del desembarco argentino en Malvinas, los negociadores británicos reflotaron la idea del *leaseback*, que el gobierno de facto, ya embarcado en el operativo, rechazó.

El 2 de abril:
un conflicto a la medida

A mediados de diciembre de 1981, las instrucciones de Galtieri fueron endurecer las actividades diplomáticas en relación con Malvinas. En paralelo y en secreto, un grupo de oficiales planificó el golpe de mano sobre las islas. Costa Méndez, el canciller, y los oficiales de alto rango de las Fuerzas Armadas, se enteraron de la decisión de invasión en enero de 1982. Se organizó un operativo incruento, sorpresivo y rápido, que devolviera las islas a la Argentina y cambiara la situación de "punto muerto" de forma tal que obligara a Gran Bretaña a negociar. Nunca se contempló la eventualidad de una respuesta militar británica y, por ende, no se planificó una ulterior fortificación y defensa de las islas. Más aún, los militares evaluaron realizar la operación en fechas emblemáticas para los argentinos, como el 25 de mayo y hasta el 9 de julio. Pero una serie de factores aceleraron la toma de Malvinas.

Los británicos estuvieron al tanto de las intenciones argentinas, como vimos, y, por su propia política doméstica, lo "aceleraron". Como parte del operativo argentino, se planificó la Operación Alfa. El 16 de marzo de 1982, se produjo un incidente en Puerto Leith, en las islas Georgias. Un grupo de obreros argentinos, trasladados allí en el buque de la Armada argentina *Bahía Paraíso* para desmontar viejas instalaciones balleneras, habían izado la bandera nacional. Algunos integrantes del British Antarctic Survey presentes hicieron que la arriaran, pero informaron a Rex Hunt, el gobernador de Malvinas, quien pidió al gobierno británico la expulsión de los obreros, pero sólo logró que Londres protestara. Sin embargo, también despachó al buque *Endurance* con un refuerzo de *marines* de la guarnición de Port Stanley.

La "escalada" hizo que el comando argentino enviara un grupo de élite para proteger a los chatarreros. Mientras tanto, se aceleraron los preparativos para el desembarco en Malvinas.

El viernes 2 de abril de 1982, los argentinos amanecieron con la noticia de la victoria. Una fuerza conjunta, al mando del contralmirante Carlos Busser, había desembarcado exitosamente en Port Stanley y el gobernador británico se había rendido alrededor de las 9 de la mañana tras un breve tiroteo en la gobernación, que costó la vida a un oficial argentino. La abrumadora superioridad de los argentinos tornó nulo cualquier intento de resistencia británico. La fotografía de los argentinos de cara tiznada y armados hasta los dientes custodiando a sus prisioneros británicos dio la vuelta al mundo. Por motivos opuestos, galvanizó los sentimientos argentinos y británicos.

Los medios gráficos (todavía no había Internet ni celulares ni televisión por cable) reflejaban un entusiasmo generalizado. *Crónica* es un extremo. Tituló: "Argentinazo: ¡Malvinas recuperadas!". *La Razón*, en su edición vespertina, titulaba "Hoy es un día de gloria". Un país golpeado y encerrado en sí mismo encontró en la recuperación la excusa para salir a la calle y participar en acciones colectivas. La guerra, por otra parte, ni siquiera era una amenaza. El 2 de abril se vivió masivamente con gran triunfalismo.

Hubo dos grandes concentraciones populares en Plaza de Mayo (el 2 y el 10 de abril), algo impensable en un gobierno que había hecho de la persecución y el control de los espacios públicos su modo de actuar. Millares de personas.

La acción militar tocó varias sensibilidades. Por un lado, la satisfacción de la "causa nacional". Pero, a la vez, era una victoria de "David contra Goliat", de un país sudamericano contra el emblema del imperialismo. Por eso hubo adhesiones de todo tipo: partidos políticos, sindicatos, cámaras empresarias… El 30 de marzo de 1982, días antes del desembarco, una multitudinaria marcha de la Confederación General de Trabajo (CGT) había sido brutalmente reprimida. Muchos de sus dirigentes apoyaron la recuperación, como seguramente miles de los que habían marchado. La "causa nacional estaba por encima de esas cuestiones". Es que Malvinas llevará implícita esta contradicción desde sus orígenes: ¿era posible disociar un hecho festejado y considerado legítimo del poder que lo había producido? En todo caso, de manera desproporcionada a sus expectativas, la Junta Militar se encontró con un importante consenso social generado en torno a Malvinas.

Margaret Thatcher, la "Dama de Hierro", era la primera ministra británica conservadora que enfrentó la crisis despertada por la acción argentina y especuló con ella. En 1980, su gobierno tenía solo el 23 % de la aprobación pública, debido entre otras cosas a una gran recesión, sus recortes al gasto público y subas de impuestos, así como la privatización de numerosas empresas estatales. Buscó, además, debilitar al movimiento obrero, aunque el pico de sus conflictos fue en 1984. Entonces comparó a los mineros en huelga con los argentinos, caracterizándolos como "el enemigo interno" al que había que derrotar luego de haber "derrotado al externo". El desembarco argentino le ofreció la posibilidad de recuperar popularidad.

La batalla por las islas

La Junta Militar argentina designó un gobernador para las islas: el general Mario Benjamín Menéndez, quien asumió a mediados de abril, acompañado por personalidades políticas y culturales que viajaron en un vuelo *chárter* a Malvinas para la ocasión. Gran Bretaña envió una *task force* (fuerza de tareas) para expulsar a los argentinos. Estos no estaban preparados para sostener una lucha en Malvinas, por dos motivos: en sus planes no incluyeron una respuesta militar inglesa y tuvieron que improvisar, y porque hacía décadas que las Fuerzas Armadas argentinas trabajaban más con vistas a la política que a la guerra: tenían una mayor especialización en la represión interna que en la guerra convencional.

Mientras la flota británica se acercaba, los argentinos cavaron sus defensas en los montes que rodean Port Stanley, rebautizada Puerto Argentino. Dos regimientos guarnecieron la Isla Gran Malvina y otro defendía el istmo de Darwin. En general, los soldados padecieron la precariedad del sistema logístico argentino, agravada por la geografía, el clima y el bloqueo inglés.

En el mar, la flota argentina resultaba muy inferior a la británica, que era la tercera fuerza naval del mundo. Ante la presencia de submarinos nucleares ingleses, mantuvo sus unidades en aguas de la plataforma continental submarina, donde la profundidad disminuía la posibilidad de ataques. El 2 de mayo, el crucero *General Belgrano* fue hundido por un sumergible inglés fuera de la zona de exclusión declarada unilateralmente por Gran Bretaña. De sus 1093 tripulantes, murieron 323. A partir de ese momento, solo buques aislados rompieron el bloqueo. Si los británicos completaban el control del espacio aéreo, los defensores de Malvinas estarían totalmente aislados.

En el aire la situación de inferioridad era similar. La Fuerza Aérea Argentina desplegó sus aviones en las bases del litoral patagónico, ya que no podían usar la pista de Malvinas. Esto limitó su autonomía: disponían de unos diez minutos de tiempo de vuelo sobre las islas. De este modo, perdieron desde el comienzo la condición de la superioridad aérea, fundamental en una batalla aeronaval. Pero, además, los pilotos argentinos asumieron un combate en gran desventaja tecnológica. Se estimaba que los que despegaran para una misión de ataque tendrían algo menos del 25 % de posibilidades de volver. Hicieron prodigios de valor: contaban con bombas convencionales para atacar objetivos terrestres y tuvieron que asegurar sus impactos por proximidad, acercándose temerariamente a las naves británicas para acertar con sus bombas en blancos pequeños y móviles protegidos por una densa barrera antiaérea.

El 21 de mayo, los británicos iniciaron su desembarco en el Estrecho de San Carlos, en la costa oeste de la isla Soledad. Apostaron a la sorpresa a riesgo de ofrecer el blanco de buena parte de su flota, encajonada en el angosto estrecho. Comenzó una semana de intensos combates aeronavales, que duró hasta el 28 de mayo. Numerosos buques de guerra ingleses fueron hundidos o averiados, pero los transportes que estos protegían eran más difíciles de alcanzar. Los argentinos perdieron muchos pilotos y aviones.

La cabeza de playa se consolidó: los ingleses desembarcaron alrededor de cinco mil hombres y desde allí, marcharon hacia la localidad de Darwin, donde el Regimiento 12, que se encontraba en malas condiciones físicas y sin su equipo pesado (había quedado en el continente) aguardaba el ataque. El jefe de la guarnición argentina se rindió a las fuerzas británicas el 29 de mayo, Día del Ejército, tras treinta y seis horas de combate. Luego de esa victoria, los británicos iniciaron una marcha forzada hacia el Este con el fin de cerrar el cerco sobre Puerto Argentino. Este avance obligó a los argentinos a reorientar sus defensas, construidas bajo la expectativa de un ataque desde el Norte. Como consecuencia, algunas unidades ocupaban posiciones precarias en vísperas del ataque. El plan inglés consistía en golpear las defensas argentinas ininterrumpidamente, relevando a sus unidades a medida que tomaran los cerros que rodeaban a la capital.

Los soldados argentinos tuvieron que defender y habitar posiciones en uno de los ambientes geográficos más hostiles del planeta durante el final del otoño austral. Sus defensas, excavadas en los cerros, se llenaban a diario de agua. Cada cerro que guarnecían era como una "isla" sobre el paisaje malvinense y entre esas islas podían desplazarse las patrullas de reconocimiento y las fuerzas de ataque británicas. Desde el punto de vista argentino, la poca disponibilidad de transporte aéreo (helicópteros), los caminos escasos e intransitables y la falta de vehículos hicieron muy difícil el reabastecimiento. Además de esas privaciones, los infantes argentinos estuvieron sometidos a constantes bombardeos desde el 1º de mayo. El principal daño fue psicológico: esa situación impedía descansar, alteraba las rutinas y generaba una sensación de impotencia, ante la evidente capacidad del adversario de alcanzar a los defensores por distintos medios. Muchos soldados intentaron conseguir comida por sus propios medios, robando en los depósitos o "cazando" ovejas (por lo que en muchos casos fueron castigados con estaqueos). Durante el tiempo que aguardaron los ataques, los infantes no pudieron hacer otra cosa más que esperar, contar a sus heridos y muertos, y sobrevivir a las privaciones.

El 11 de junio recrudecieron los bombardeos de ablande en los montes Longdon, Dos Hermanas y Harriet (la primera línea defensiva), mientras los ingleses reunían fuerzas para el ataque. Alrededor de las 21 de ese día, comenzó la ofensiva general. En la noche del 11 al 12 de junio, los británicos quebraron la primera línea de las defensas argentinas, tras algunos combates muy duros. En la mañana del 12, no hubo enfrentamientos, pero los argentinos vieron cómo los ingleses reagrupaban fuerzas para el asalto final, y sí hubo duelos de artillería. Bajo los obuses, riadas de soldados confluían sobre Puerto Argentino. Se habían quebrado sus defensas, sus fuerzas y su moral. Más allá de los esfuerzos de algunas fracciones aisladas, el frente estaba roto. Decenas de soldados, aislados o en grupos, algunos armados, otros no, buscaban refugio entre las casas. Mientras se producía este desbande, las artillerías, británica y argentina, mantuvieron intensos duelos.

Frente al panorama de un combate casa por casa, que solo aumentaría la matanza (pero que algunos oficiales argentinos alentaban), el general Menéndez rindió la guarnición de Malvinas el 14 de junio de 1982.

32

La guerra por la tele, la guerra en casa

Desde el punto de vista argentino, hubo muchas guerras de Malvinas. En general, pensamos que un conflicto bélico solamente afecta a los combatientes, pero esto no es así. Su familia, sus amigos, sus localidades viven la guerra también. Y, por supuesto, aun dentro del mismo país hay diferencias regionales; por ejemplo, respecto de la cercanía con el escenario de los combates. Es decir que muchos argentinos "vieron la guerra por la tele" (o la leyeron en los diarios), pero a muchos otros les tocó más de cerca. Sucede que, en un país macrocefálico como la Argentina, la mayor parte de la población, que vive en el AMBA (Ciudad de Buenos Aires y Conurbano bonaerense), no se vio tan afectada, mientras que localidades relativamente pequeñas (y que inciden poco o nada en la "opinión pública nacional") estuvieron mucho más involucradas.

Los argentinos se solidarizaron de muchas maneras, más que nada convocados por el apoyo a sus soldados: movilizaciones, donaciones, y acciones y trabajo voluntarios. Las escuelas desempeñaron un papel clave. No solo porque fueron centro de reunión de las donaciones recogidas o de actividades públicas de celebración, sino también porque los chicos participaron: escribieron las "carta al soldado en Malvinas" o "A un soldado argentino", que luego eran distribuidas a los soldados en las islas. En muchos lugares (como la Sociedad Rural) jóvenes voluntarios empaquetaron raciones para los soldados, armadas con donaciones de particulares y de empresas. Las presas políticas de Villa Devoto, víctimas de la dictadura, donaron sangre para los soldados.

En muchas plazas de la república las mujeres se juntaban a tejer gorros, bufandas y guantes. Muchas se transformaron en "madrinas de guerra": "adoptaban" soldados para escribirles durante su presencia en el frente y, en muchos casos, al regreso, continuaron con ese vínculo auxiliando a los jóvenes desmovilizados.

¿Qué información tuvo la sociedad argentina? Aquella sometida a los severos controles y censuras implementados desde 1976. El Estado Mayor Conjunto emitía comunicados que mantenían a la población al tanto de la guerra. Sin embargo, la propaganda rompió esas barreras. Uno de los comunicados de la Junta Militar (el número 54, de mediados de mayo) advirtió que solo debían tomarse por veraces las informaciones provenientes de estos. Sucede que la población civil estuvo sometida a una acción psicológica formidable durante toda la guerra (y, si eran lectores de *La Prensa*, *La Razón*, *La Nueva Provincia* o *Convicción*, el diario de Massera, desde los meses previos). Por encima de los escuetos comunicados del Estado Mayor Conjunto, diferentes medios gráficos bombardearon a sus lectores con mensajes e informaciones teñidas de un tono triunfalista, peyorativo hacia el adversario y que exaltaba las virtudes argentinas, encarnadas en los jóvenes soldados que serían enviados a Malvinas o que ya estaban allí. Este panorama era mucho más monolítico en los grandes centros urbanos, por un lado, alejados del escenario del conflicto y donde, por el otro, el consumo de medios gráficos era mucho mayor. Se daban situaciones diferentes, por ejemplo, en zonas de frontera. En Cuyo o en el sur, se escuchaba información chilena, así como brasileña en el nordeste. Otros sintonizaban radios uruguayas porque "sospechaban" de la información oficial.

La guerra se vivió con mucha intensidad en el sur del país o, como aún se dice, "del Colorado para abajo". Las localidades patagónicas quedaron dentro de lo que se denominó TOAS (Teatro de Operaciones del Atlántico Sur), sometidas a severas restricciones militares y organizadas para la Defensa Civil. Practicaron oscurecimientos y evacuaciones, así como situaciones de alerta roja. En lugares como Comodoro Rivadavia, los civiles se vincularon a los hospitales militares, llevándose a su casa a los soldados los fines de semana. Esos preparativos les resultaban conocidos, por otra parte, desde el año 1978, cuando Argentina y Chile casi entran en guerra por el canal de Beagle. Río Grande, en Tierra del Fuego, sufrió una incursión inglesa pues desde allí partían los aviones que atacaban la flota británica. Integrantes de colectividades extranjeras, como la chilena, considerada "sospechosa", en ocasiones sufrieron restricciones.

En Malvinas, por su parte, los *kelpers* vivieron la presencia argentina como una invasión. Los que pudieron dejaron Port Stanley y se fueron al *camp*, lejos de las concentraciones militares. En general, recibieron un trato correcto, pero no pudieron escapar a las vicisitudes de la batalla. Algunos colaboraron de distintas maneras con las fuerzas inglesas. Días antes del final de la guerra, tres civiles de Port Stanley murieron cuando un proyectil británico cayó sobre la casa que ocupaban.

33

La derrota y sus consecuencias

Los sobrevivientes argentinos, ya como prisioneros de guerra, permanecieron unos pocos días más en Malvinas, muchos en un campamento improvisado en el aeropuerto y en muy malas condiciones alimentarias y de higiene. Para los británicos era urgente devolverlos a la Argentina. Entre el 18 y el 27 de junio desembarcaron en Puerto Madryn unos 7.800 soldados. Llegaron a bordo del *Canberra*, un transatlántico inglés requisado para transporte, que la propaganda argentina daba por hundido. Los últimos prisioneros argentinos, en su mayoría oficiales, llegaron un mes después.

Las autoridades militares argentinas no facilitaron el reencuentro entre la sociedad y sus soldados. Ordenaron que el regreso se hiciera sin aglomeraciones de público, prácticamente a escondidas. Pero, en muchos lugares, familiares y vecinos desobedecieron: en Puerto Madryn, por ejemplo, el público rompió los cordones de seguridad que los separaban de los miles de ex combatientes que estaban siendo desembarcados en el muelle de Aluar y se los llevaron a sus casas para que comieran, se bañaran y descansaran, pero sobre todo para demostrarles su solidaridad.

La noticia de la rendición en las Malvinas tomó por sorpresa a millares de argentinos cuya única vía informativa eran los comunicados oficiales, su reproducción acrítica por los medios o las publicaciones triunfalistas. Los organismos de Inteligencia policiales, que espiaron prolijamente a la población, consignan el desánimo que siguió a la novedad. En la ciudad de Mercedes, "las noticias referidas a la pérdida de Puerto Argentino, y el cese de las hostilidades, causaron incertidumbre en la población, que no esperaba que ocurriese eso, un poco por la información que se proporcionaba por los comunicados oficiales". En La Plata, "el estado anímico de la población evidencia un cierto desconcierto. Existe alegría en aquellos que tenían soldados en las Malvinas y volvieron a sus hogares. Tristeza en otros, que han perdido a sus hijos, y luego se abandonan las islas; desaprueban la medida". El panorama, para el resto del territorio bonaerense, incluía palabras como *desazón, indignación*; en Mar del Plata "se nota abatimiento e impotencia". En muchos se instaló la sensación de que se había perdido "de un día para el otro". Se agregó la sensación de estafa y malversación del entusiasmo. Pero seguramente, también, las dificultades para asumir la propia responsabilidad en el acompañamiento a la guerra.

A esto se sumó, como una impensada consecuencia de la derrota en Malvinas, una mayor apertura informativa, que permitió que, en paralelo a las noticias sobre la guerra, comenzaran a difundirse con creciente amplitud las denuncias por las violaciones a los derechos humanos. En poco tiempo, si nos atenemos a los medios de la época, la Argentina se transformó en un gigantesco campo de concentración. Una "sorpresa" más: no solo la derrota en las islas, sino la convivencia con el terrorismo de Estado.

Figuras como la de Alfredo Astiz –secuestrador de Dagmar Hagelin y las monjas francesas, infiltrado entre las Madres de Plaza de Mayo, y que posteriormente se rindió sin combatir en Georgias– se transformaron en símbolo de esos "descubrimientos": las Fuerzas Armadas, represoras de su propio pueblo, no habían sabido combatir una guerra legítima; no sabían desempeñar ni siquiera su función específica.

Cuando la noticia de la derrota en las islas se hizo pública, la caída de Leopoldo Galtieri fue cuestión de horas. Lo reemplazó otro general, Reynaldo Bignone, mientras la Armada y la Fuerza Aérea abandonaban el pacto tripartito que había caracterizado a la dictadura de 1976. Al poco tiempo, Bignone anunció el levantamiento de la veda política y el llamado a elecciones, que se realizarían en octubre de 1983. La Argentina que emergió de Malvinas –y de la dictadura– era un país debilitado, aislado internacionalmente y en una profunda crisis económica. El presidente Raúl Alfonsín, radical, asumió el 10 de diciembre de 1983, condicionado por las secuelas del terrorismo de Estado, la profunda reestructuración social y económica impuesta por la dictadura, y la derrota en las islas.

Luego de la guerra de Malvinas, Margaret Thatcher reafirmó su poder. El "factor Malvinas" fue decisivo en su victoria electoral de julio de 1983, cuando su partido, el Conservador, le sacó casi quince puntos de diferencia al Laborista. Su política de privatizaciones, aunque resistida, se instaló con fuerza en Gran Bretaña. La legendaria huelga de los mineros británicos, que duró más de un año (1984-1985), no fue un obstáculo para una profunda reestructuración económica y social. La *Dama de Hierro* ocupó el cargo de primer ministro hasta

1990. Sobrevivió a un atentado del IRA en 1984. Apostar a la guerra para recuperar su popularidad y perpetuarse en el poder fue una jugada eficaz.

En el caso argentino, se da una paradoja que aún no hemos procesado lo suficiente: quienes murieron en Malvinas, en defensa de la soberanía nacional, enfrentando a un agresor externo, aceleraron, con su muerte, la salida del poder de la dictadura militar más sangrienta de nuestra historia. Claramente ese no era ni el objetivo de la operación de desembarco, ni las motivaciones de oficiales y soldados. Pero la Historia tiene esas vueltas, y una de ellas es que la sociedad argentina tiene una deuda con quienes murieron en Malvinas: al autodesprestigiarse de la manera que lo hicieron, al frustrar una esperanza nacional con el costo en vidas que significó, las Fuerzas Armadas debieron prepararse a entregar el poder. En la raíz de la democracia argentina está la derrota de 1982.

34

El informe Rattenbach

Desde su mismo final, la guerra de Malvinas está asociada a la búsqueda de la verdad. Quedó atrapada también en una suerte de "deporte nacional", consistente en las miradas conspirativas sobre el pasado que hacen pensar que siempre hay "algo oculto", una "historia oficial" que debe ser confrontada. Esto se debe, sobre todo, a la manera en la que la sociedad argentina fue informada sobre el conflicto y a cómo procesó la derrota.

El regreso de los soldados trajo la posibilidad de hacer numerosas preguntas acerca de lo que había sucedido en las islas durante la guerra. Muchas de las respuestas, sin embargo, más de treinta años después son motivo de controversias. Esto, en gran medida, se debe a que en los meses iniciales de la posguerra hubo una deliberada política de ocultamiento por parte del gobierno militar, que se prolongó durante los primeros años de la democracia. En ese destrato inicial a los sobrevivientes de la guerra se encuentra en gran parte el origen del tono controversial que aún hoy tiene cualquier discusión acerca de Malvinas.

Allí, en las islas, las Fuerzas Armadas argentinas sufrieron una derrota decisiva. A los ojos de muchos argentinos, estas no habían sabido cumplir ni siquiera su función específica, en el mismo momento en que comenzaban a conocerse las atrocidades de la represión ilegal. A medida que fue saliendo a la luz lo que había sucedido en las islas, la indignación social creció: relatos de abusos sobre los soldados conscriptos, de improvisación por parte de los oficiales, sumados a la herida al orgullo nacional, conformaron un escenario negativo para los soldados, oficiales y suboficiales, quienes regresaron al continente tras la derrota.

La respuesta oficial fue el ocultamiento de los soldados. Se los obligó a firmar un documento en el que se comprometían a no declarar nada acerca de lo que habían vivido. Los soldados que regresaban de Malvinas, los oficiales que habían combatido y algunas fuerzas políticas llamaron a este proceso "des-malvinización". Se apropiaron de un concepto vertido por el politólogo Alain Rouquié, quien sostuvo en un reportaje que el objetivo de los futuros gobier-nos democráticos debía ser el de "desmalvinizar" a la sociedad argentina. Con esto quería significar quitarles a las Fuerzas Armadas la posibilidad de reha-bilitarse ante sus compatriotas a partir de la invocación de una causa "justa".

Sin embargo, hubo iniciativas oficiales para explicar lo que había pasado y establecer responsabilidades. El 2 de diciembre de 1982, la Junta Militar creó una comisión para investigar lo que había sucedido en la guerra de Malvinas, llamada CAERCAS (Comisión de Análisis y Evaluación de Res-ponsabilidades en el Conflicto del Atlántico Sur). Presidida por el teniente general Benjamín Rattenbach, elaboró un detallado análisis técnico de la guerra, a la que calificó de "aventura militar". Demostró en forma palmaria la desproporción entre las fuerzas enfrentadas, la falta de planificación e inoperancia de los mandos argentinos y las terribles condiciones a las que las tropas fueron sometidas debido a falencias e improvisaciones en la conduc-ción militar, a la competencia entre las fuerzas, que se tradujo en la pérdida de la iniciativa y la pasividad frente al adversario británico, y a la falta de pre-paración. Esto aparece claro si recorremos algunas de las responsabilidades que el informe asigna a las máximas conducciones militares. El jefe del Ejér-cito había empeñado a su fuerza "sin la necesaria preparación, en particular para la acción conjunta, y sin la adecuada instrucción ni el equipamiento correspondiente para la lucha, en condiciones rigurosas, contra un enemigo altamente adiestrado, con equipo y armamentos superiores y eficientemente conducido, y careciendo, asimismo, del planeamiento debido para su mejor empleo". El de la Armada, habiendo "sido uno de los propulsores de la idea de recuperar las islas", "no obstante, al producirse la acción británica", había propiciado "la decisión de no emplear en la batalla las unidades de superficie propias". El jefe de la Fuerza Aérea, por su parte, era responsable de "llevar a cabo gestiones diplomáticas particulares, en procura de una solución nego-ciada del conflicto, sin conocimiento de la Junta Militar" y de "no destacar suficientemente, desde el comienzo de las operaciones, la importancia de alargar la pista de Puerto Argentino, para permitir las operaciones de aviones de ataque propios y prolongar así sus alcances sobre la flota enemiga". Aun-que el *informe Rattenbach* señaló excepciones honrosas por parte de algunas unidades y oficiales, el panorama general que pinta, como se observa, es desolador: traducido el frío vocabulario técnico a la vida cotidiana de los infantes, en muchos casos estos quedaron librados a su suerte, en inferiori-dad de condiciones y carentes de apoyo en cualquier nivel.

Restaurada la democracia, los tres responsables de la Junta Militar que condujeron la guerra de Malvinas fueron condenados a doce años de prisión por "negligencia" y por no haber previsto la reacción británica al desembarco del 2 de abril. El presidente Carlos Menem los indultó dos años después. Las conclusiones del informe Rattenbach fueron publicadas en ediciones no oficiales desde mediados de la década de los ochenta. En general, tendieron a consolidar lo que "ya se sabía" por otros medios. Pero recién en 2012 el gobierno argentino lo publicó de manera oficial, inclusive con las declaraciones testimoniales que sirvieron de base para su elaboración. Aún falta, por ejemplo, la realización de juicios por la verdad acerca de la guerra.

En la posguerra, los ex combatientes reclamaron que se conformara una comisión bicameral para analizar las responsabilidades por el conflicto, pero no fueron escuchados. También fracasaron en su intento de lograr que sus declaraciones fueran incorporadas al informe Rattenbach. Actualmente, algunos sectores de veteranos y ex combatientes impulsan denuncias por abusos y malos tratos en la guerra de Malvinas a manos de sus propios oficiales.

En 2012, la presidenta Cristina Fernández de Kirchner anunció que se aplicarían técnicas de la antropología forense para identificar a los soldados enterrados con tumba desconocida en Malvinas. El impulso en la lucha por la verdad en el campo de las violaciones a los derechos humanos revitalizó la posibilidad de avanzar en la verdad sobre Malvinas.

En mi primer viaje a las islas, 125 de las tumbas decían "Soldado Argentino solo conocido por Dios". Era impactante: la mitad de las 237 tumbas del cementerio de guerra argentino. Los trabajos de toma de muestras de sangre por parte del Equipo Argentino de Antropología Forense comenzaron en 2013, y en diciembre de 2017 se notificaron las primeras identificaciones a los familiares, que en algunos casos también recibieron algunos objetos de sus hijos, hermanos, padres. Al momento,[1] se han producido 117 identificaciones.

---

1 Noviembre de 2023.

35

Los ex combatientes

Desde los tiempos de la Antigüedad clásica, las sociedades honran a los hombres que toman las armas en su nombre. Es una tradición que, construida durante varios siglos, países "jóvenes" como la Argentina heredaron y profundizaron encarnándola en su propia historia. Se supone que los ciudadanos que se sacrifican por su patria merecen un reconocimiento, así como sus deudos en caso de que aquellos mueran en batalla. Las dos guerras mundiales y otros episodios bélicos del siglo xx, por otra parte, permitieron explorar y tratar las consecuencias psicológicas que acarrea la experiencia bélica. Eso hizo que numerosos países desarrollaran leyes y planes para paliar los efectos de los conflictos bélicos entre sus protagonistas, y que reconocieran sus esfuerzos de manera simbólica y material.

Pero, en el caso de la guerra de Malvinas, los soldados que regresaron de las islas, sobre todo en la década de los ochenta, no encontraron nada de todo esto. La situación es diferente hoy en día, pero en los primeros cinco años posteriores a la derrota debieron esforzarse mucho por hacer oír su voz y valer sus derechos en el contexto de una sociedad que tenía grandes deseos de "mirar para adelante" y dejar atrás un pasado violento. La gran mayoría de los que fueron a Malvinas eran soldados conscriptos, a los que les tocó en suerte ir a la guerra. Desde el punto de vista de las leyes, ni siquiera estaba contemplado que cobraran una pensión y desde ese piso tan elemental debieron organizarse para instalar una serie de demandas y hacer conocer su experiencia y sus necesidades.

Hoy en día, nos referimos a los soldados conscriptos que combatieron en Malvinas indistintamente como *ex combatientes* y *veteranos*. Pero, en la posguerra, al decidir llamarse *ex soldados combatientes* o *ex combatientes*, los conscriptos desmovilizados buscaban distinguirse de los militares profesionales, oficiales y suboficiales, que eran *veteranos*, por ser soldados regulares. Los jóvenes ex soldados no querían que el público los asociara a las Fuerzas Armadas, desprestigiadas por la derrota y las violaciones a los derechos humanos. Pero su lugar era ambiguo, porque a la vez reivindicaban su experiencia en la guerra por las Malvinas contra Gran Bretaña: ser combatientes era lo que les daba legitimidad política.

La organización de las primeras agrupaciones de ex combatientes fue muy rápida. Ya en agosto de 1982 funcionaba un Centro de Ex Soldados Combatientes en Malvinas en la Capital Federal y, poco después, se formaron agrupaciones en La Plata (el Centro de Ex Combatientes Islas Malvinas), Corrientes y Chaco. Desde su experiencia como veteranos formaron parte del intenso proceso de movilización juvenil de la "primavera democrática", y algunas de las agrupaciones tuvieron vínculos con el Partido Comunista, el peronismo revolucionario de Intransigencia y Movilización y otras agrupaciones de izquierda.

En diciembre de 1983, se realizó en Morón, provincia de Buenos Aires, su primer encuentro nacional. La lista de las demandas y propuestas que elaboraron permite ver el estado de abandono en el que los soldados quedaron una vez que la guerra terminó. Organizadas en torno al proyecto de una ley de protección a los ex combatientes, reclamaban asistencia psicológica para estos y sus núcleos familiares, pensiones equiparables a las de los oficiales y suboficiales, así como becas de estudio, preferencias en la incorporación a las empresas del Estado, y señalaban la necesidad de esclarecer lo sucedido durante la guerra mediante una comisión bicameral de la que los ex soldados fueran parte. A pesar de las fuertes críticas a las Fuerzas Armadas, se declararon partidarios del mantenimiento del servicio militar obligatorio, aunque con modificaciones que garantizaran que las Fuerzas Armadas fueran respetuosas de la voluntad popular. Y, además, reclamaban que se investigaran las denuncias por abusos y malos tratos en Malvinas a manos de sus propios oficiales.

No todos los ex combatientes se volcaron a este activismo. Otros encontraron canales menos confrontativos políticamente, como aquellos que se agruparon en la Casa del Veterano de Guerra, una donación de la Liga de Amas de Casa y que admitía también oficiales y suboficiales. Coincidían en los reclamos por respuestas económicas y de asistencia a la "problemática de los ex combatientes". Muchos otros tardaron años en acercarse a las agrupaciones y algunos no lo hicieron nunca.

Las respuestas sociales a las demandas de estos jóvenes fueron diversas. Aunque hoy los veteranos de guerra y ex combatientes tienen un lugar destacado en sus respectivas comunidades, el precio del silencio y las dificultades de inclusión en el espacio público en los primeros años de la posguerra fueron muy altos. Si bien no hay cifras oficiales, se calcula que alrededor de 400 ex combatientes se suicidaron desde el final de la guerra. Si tenemos en cuenta que la cantidad de muertos en el conflicto fue de 649, tenemos una magnitud de lo profundo del drama de la posguerra.

36

Las islas después de 1982

Desde el punto de vista de la vida en las islas Malvinas, la victoria británica en la guerra de 1982 trajo profundas consecuencias. La primera de ellas es que a unos 80 kilómetros de Port Stanley hay una importante base militar, Mount Pleasant, inaugurada en 1985, cuya construcción demandó alrededor de 400 millones de libras esterlinas. De ese modo, desde la perspectiva isleña, cualquier futura agresión sería disuadida. Los gastos de la defensa de Malvinas corren por cuenta del estado británico. De manera recurrente, sobre todo en vísperas de cada aniversario del 2 de abril, leemos críticas por lo "costoso" de las islas y el envío de naves de guerra al archipiélago. Argentina, en asociación con otras naciones sudamericanas, denuncia a la base como una "militarización" del Atlántico Sur por parte de los británicos.

En Mount Pleasant hay una guarnición permanente y es donde aterrizan los vuelos internacionales, tanto los que llegan desde Gran Bretaña como desde Chile. El antiguo aeropuerto construido por los argentinos hoy solo sirve a los vuelos internos de la FIGAS, la compañía aérea de cabotaje.

En 1985 fue aprobada una constitución para las islas Malvinas. El archipiélago constituye un territorio británico de ultramar (ratificado en documentos de la Unión Europea, como el Protocolo de Lisboa de 2006). Los nacidos en Malvinas son ciudadanos británicos plenos desde 1983. Algunos analistas opinan que el actual organigrama institucional de las Malvinas es un proto-Estado, con vistas a la creación de una nueva nación asociada a Gran Bretaña. Tras sucesivas reformas, desde 2009 los isleños eligen a los integrantes de la Asamblea Legislativa. Si bien le han recortado algunas funciones, el gobernador es designado por la reina. Por supuesto que todos estos cambios políticos son rechazados por la Argentina, que se mantiene en la idea de que Gran Bretaña debe cumplir las recomendaciones de las Naciones Unidas para zanjar la disputa por las islas Malvinas.

Los cambios más evidentes se dan en el plano económico. Si repasamos el recorrido que hemos hecho, vemos que el ingreso de las Malvinas al mercado mundial tuvo que ver con la ganadería (la caza de lobos y ballenas, la explotación de carne vacuna, luego la cría de ovejas). A principios del siglo xx, apostaron a la industria ballenera, pero sin éxito.

En 1964, el grueso de las tierras de Malvinas estaba en manos de 35 terratenientes y la Falkland Islands Company poseía la mitad de las tierras útiles. El 90 % de la propiedad la tenían personas que no vivían en Malvinas. En el presente, esa situación cambió radicalmente: hacia 2003, las grandes propiedades se subdividieron y vendieron. Hoy, el 95 % está en manos de y trabajada por *falklanders*. La causa del despegue de las islas no está en estos importantes cambios sociales y económicos vinculados al trabajo en el campo, sino en algo mucho más pequeño, el calamar. En 1986, el gobierno británico estableció de manera unilateral una zona económica exclusiva (la *Falklands Interim Conservation Zone*) y comenzó a otorgar licencias de pesca a empresas extranjeras o asociadas con malvinenses. Las regalías le permitieron al gobierno isleño acumular un fondo por el que se pasó de una economía lanar de subsistencia a otra vinculada a las rentas, que dispone de su propio fondo soberano. Como los mismos isleños admiten, esta explotación unilateral no hubiera sido posible sin la presencia militar inglesa en Malvinas.

Sin embargo, desde el año 2000 ha habido una baja constante en los *stocks* disponibles para la pesca. Hoy aparece un nuevo horizonte, que tiene que ver con prospecciones que arrojan la posibilidad de que haya petróleo en el lecho submarino periférico a las islas. Una compañía, Rockhopper Exploration, anunció en 2012 que había encontrado yacimientos de ese mineral en cantidades "comerciales". Pese a anuncios posteriores, esa explotación aún no se produce.

Desde el final de la guerra y con el paso de los años, el gobierno británico ha desplazado la disputa por el territorio a una alegada defensa de los derechos de los malvinenses a la autodeterminación. Es decir, de la discusión basada en los antecedentes históricos (por ejemplo, quién avistó primero las islas), pasó a poner el énfasis en los derechos de los habitantes de Malvinas. No es que la conducta imperial británica se haya caracterizado por tener en cuenta los derechos de los pueblos sometidos (más bien podrían multiplicarse los ejemplos en sentido opuesto), sino que se ha encontrado un nuevo elemento para ignorar los reclamos argentinos, encarnado en la vida de los *kelpers*.

En la práctica, esto implica retomar la idea de la "autodeterminación" y desplazar la de los "intereses", cuestión que ya había zanjado la Organización de las Naciones Unidas (ONU). Este proceso se aceleró con posterioridad a la guerra de 1982. Sin embargo, ha sido contradictorio. En 1983, los *kelpers* pasaron a ser ciudadanos británicos plenos por la *British Nationality (Falkland Islands) Act 1983*. Es decir, desde ese año un isleño nacido en el King Edward Memorial Hospital de Port Stanley es tan británico como otro nacido en Lewisham, Londres. ¿Cuáles serán sus deseos?

La importancia de esta cuestión de la nacionalidad es clave. La resolución 1514 de la ONU, que consagra la integridad territorial (punto 6), señala a la vez que el sometimiento de pueblos a una dominación y explotación extranjeras "constituye una denegación de los derechos humanos fundamentales" (punto 1) y que "en los territorios en fideicomiso y no autónomos y en todos los demás territorios que no han logrado aún su independencia deberán tomarse inmediatamente medidas para traspasar todos los poderes a los pueblos de esos territorios sin condiciones ni reservas" de acuerdo con "su voluntad y sus deseos libremente expresados".

La cuestión, para nada sencilla de resolver, es si los criterios con los que se pensó la descolonización a mediados del siglo xx son aplicables a una disputa de este tercer milenio, en el que el paradigma de los derechos humanos se ha profundizado y vuelto más complejo. En marzo de 2013, la Asamblea Legislativa de los isleños, con el apoyo del primer ministro británico, realizó un referéndum, en el que debían responder, por sí o por no, esta pregunta: *¿Desea que las islas Malvinas mantengan su estatus político actual como un territorio británico de ultramar?* De hecho, el "Sí" ganó con el 99,83 % de los votos. Si el "No" hubiera ganado, la convocatoria preveía que se discutieran alternativas a la actual situación política, incluidas la independencia plena y aun la restitución de la soberanía de las islas a la Argentina.

Del total de 1672 votantes, 155 de ellos (9,2 %) no votaron. Podían hacerlo los residentes en Malvinas mayores de 18 años, inclusive algunos ciudadanos argentinos. De los que sí lo hicieron 1513 optaron por el "Sí" (99,83 % de los votos), 3 por el "No" (0,17 % de los votos), mientras que un voto fue declarado nulo o en blanco.

El gobierno argentino no le reconoció validez al referéndum y algunos legisladores lo definieron como un acto de propaganda. Si bien hubo observadores internacionales invitados por el gobierno británico, no lo hicieron en carácter oficial, sino como parte de una Misión Internacional de Observación del Referéndum, creada para la ocasión. Pero no hubo observadores oficiales de las Naciones Unidas.

Para algunos malvinenses el objetivo es la creación de un estado independiente, que se transformaría en el más nuevo de América del Sur. Hay condiciones objetivas para pensar que tienen posibilidades de concretarlo (más allá de sus expectativas). Si las previsiones acerca de la extracción de petróleo en las islas se verifican, estarán en condiciones de crear un fondo que haga más atractiva y viable la posibilidad de la autodeterminación y la constitución de un "Estado libre asociado" al Reino Unido.

37

Qué hacer: entre *Winnie the Pooh*, la intransigencia y la ritualidad

En noviembre de 1982, una resolución de la Asamblea General de las Naciones Unidas, la 37/9, señaló que la guerra de 1982 no alteraba la naturaleza del conflicto entre Argentina y Gran Bretaña por las islas Malvinas. Esta victoria diplomática, de todos modos, no podía borrar el hecho de que la derrota militar en Malvinas significó un gigantesco retroceso para los argentinos en relación con su reclamo por las islas. Desde 1982 al presente, aparecen dos líneas divergentes que parten del punto común del archipiélago. La británica pone como "piso" la idea de que la victoria de 1982 ha instalado un nuevo statu quo en el Atlántico: Argentina intentó recuperar las islas por la fuerza y fracasó. La diplomacia argentina, por su parte, busca retrotraer la situación a la vigente antes del conflicto. Esto da idea de la magnitud del desafío que enfrentó la primera presidencia democrática, en 1983, como consecuencia de la guerra. Protegidos militarmente, los habitantes de Malvinas han podido hacer lo que desean en materia de explotación de sus recursos. Por ejemplo, la zona económica pesquera establecida en 1986 por Gran Bretaña se apoyaba en la zona de exclusión militar establecida durante el conflicto y estaba resguardada por la flamante base de Mount Pleasant.

Durante la década de los ochenta, la situación fue la de un cese del fuego de facto, mientras que la presencia militar británica en el Atlántico Sur crecía, y Argentina y Gran Bretaña no tenían trato diplomático directo, sino a través de las delegaciones de Brasil y Suiza. Un encuentro en Berna, en 1984, fracasó ruidosamente y significó un gran revés para el gobierno de Raúl Alfonsín. Pero en 1986, todavía en el contexto de la Guerra Fría, los acuerdos pesqueros firmados entre la Argentina y la URSS produjeron que la presentación argentina ante la ONU del reclamo de sentarse a negociar obtuviera por primera vez el voto favorable de los Estados Unidos.

El dilema pasaba por mantener el reclamo desde una situación de facto de gran debilidad, que, aunque producida por una dictadura militar, era responsabilidad de los argentinos. El panorama cambió cuando asumió la presidencia el justicialista Carlos Menem. Entre 1989 y 1990 Argentina y Gran Bretaña restablecieron relaciones consulares y diplomáticas. En las Declaraciones Conjuntas de Madrid, establecieron una fórmula de reserva o salvaguarda de soberanía sobre las islas Malvinas, Georgias y Sandwich del Sur, que diplomáticamente constituye un reconocimiento por parte de los dos países de la existencia de una disputa, pero permite avanzar en otras cuestiones sin mencionarla (se lo conoce como *fórmula del paraguas*). Con esa base, Argentina y Gran Bretaña concretaron una serie de acuerdos que tenían que ver con la colaboración en investigaciones científicas, prospecciones y explotación minera e ictícola. El gobierno británico autorizó la visita de los familiares de los muertos argentinos en la guerra al cementerio de Darwin en 1991, y en 1999 los argentinos pudieron volver a visitar las islas Malvinas, aunque presentando el pasaporte.

Guido Di Tella, canciller argentino entre 1991 y 1999, inició una política de acercamiento a los isleños conocida como *de seducción*. Aunque encontró rechazos tanto en Argentina como en las islas, fructificó en un acercamiento, aunque no alteró la cuestión de la soberanía. Significaba romper con la histórica posición argentina de no incluir a los isleños en las discusiones y enfrentó la resistencia de los sectores nacionalistas más duros en ambos campos de la disputa. La política de acercamiento y seducción se concretó en gestos como la visita de Menem y un grupo de ex combatientes a Londres, pero el emblema, sin duda, son los regalos que Di Tella hacía llegar a los isleños, desde tarjetas de Navidad hasta los muñecos del osito Winnie Pooh. A la vez, se tradujo en el estímulo al trabajo en espacios multilaterales y bilaterales de intercambio y colaboración.

En 1994, la Constitución Nacional argentina fue reformada e incluyó una cláusula transitoria referida a la recuperación de las Malvinas, que limita el margen de maniobra de cualquier negociación con Gran Bretaña al establecer con rango constitucional el "ejercicio pleno" de la soberanía como un objetivo irrenunciable de la Argentina. Di Tella cuestionó el artículo porque impedía considerar fórmulas mixtas de soberanía, que estimaba posibles para lograr la solución del conflicto. Por otra parte, la provincialización del antiguo territorio nacional como provincia de Tierra del Fuego, Antártida e Islas del Atlántico Sur agregó otro costado al problema (y dicho sea de paso, cada tanto revela la ignorancia de muchos políticos argentinos, que aún hoy sostienen que las Malvinas son "la provincia que nos falta").

Desde 2003, los gobiernos kirchneristas endurecieron su posición en relación con Malvinas y a la vez reforzaron un discurso más tradicional desde el punto de vista histórico en relación con la disputa. Asimismo, en el campo de la política exterior plantean la cuestión de Malvinas como una amenaza a la región, logrando el apoyo de organismos regionales como la OEA, el MERCOSUR, la UNASUR y la CELAC. En 2005, como protesta por medidas tomadas por las autoridades isleñas en relación con la pesca, el presidente Kirchner rompió los acuerdos de cooperación pesquera.

Las perspectivas de hallar petróleo en Malvinas recalentaron las posiciones. El gobierno de Cristina Fernández alternó la amenaza de cancelar los vuelos a Malvinas con el ofrecimiento de realizar dos vuelos semanales desde Buenos Aires, aunque conducidos por Aerolíneas Argentinas. En cuanto al petróleo, la política argentina oficial es la de plantear a las empresas que operan en las islas la disyuntiva "o con nosotros, o con ellos": si invierten en las áreas malvinenses, no pueden hacerlo en la Argentina.

Durante la presidencia de Mauricio Macri se intentó desandar algunas de las medidas del kirchnerismo, con una serie de medidas conocidas como el pacto Foradori-Duncan, que, entre otras cosas, abría la posibilidad de un vuelo desde Córdoba a Malvinas. Pero la lógica de la conflictividad política interna –y la brevedad del mandato macrista, que no logró renovar– impidieron ver resultados de ningún tipo.

Mientras en el Atlántico Sur la historia transcurre, en la capital de la Argentina la hemos "congelado": en 2014, la inauguración del Museo Malvinas e Islas del Atlántico Sur es la materialización del relato de la causa sagrada de la recuperación de las islas. Está instalado en el predio de la ex ESMA, uno de los mayores centros clandestinos de tortura y exterminio que tuvo la dictadura. El culto de las Malvinas tiene su templo.

A la fecha, Malvinas, más que un problema de política exterior, se transformó en arma arrojadiza para el kirchnerismo, ahora en la oposición, que transformaba cualquier intento de reforma en una claudicación o una entrega. El gobierno de Alberto Fernández, atravesado por la pandemia, no hizo más que repetir las medidas diplomáticas habituales, o enunciar inconducentes acciones durante la pandemia, como ofrecer la vacunación contra el COVID a los malvinenses. Durante el 40 aniversario de la guerra, en 2022, aparecieron señales retóricas preocupantes, en las que se reconocía el esfuerzo de los soldados –lo que es válido– pero a la vez, de alguna manera, se justificaba la guerra.

El cansancio social por la pandemia, probablemente, impidió una mayor efervescencia en las propuestas oficiales de conmemoración.

Pero esa "justificación de la guerra" es preocupante debido al actual cambio de contexto político. Malvinas plantea al gobierno libertario una profunda contradicción interna: es visto con simpatía por la derecha más reaccionaria y buena parte del repertorio patriótico o nacionalista lo adscribe a la oposición, sobre todo al kirchnerismo (fuerza política que, a la vez, lo considera propio). Un discurso económico ultraliberal convive, por boca del presidente Javier Milei, con una reivindicación de la guerra de Malvinas y, más ampliamente, con un intento de reivindicación de los militares que participaron en la represión interna, el terrorismo de Estado. El vector de este sector es la vicepresidenta Victoria Villarruel. Cualquier apelación a las fronteras nacionales, al Estado, es una traba para los negocios y para la libre empresa; pero Malvinas es una causa sagrada. Es probable que ambas tendencias puedan convivir, como ya fueron capaces de demostrar ambos personajes al dar un paseo juntos en un tanque de guerra.

Lo que es evidente, desde comienzos del tercer milenio al presente, es que la "causa Malvinas", tiene una profunda raigambre popular. Pero de alguna manera, eso dificulta la imaginación de políticas que rompan el *statu quo* actual. Hay un libreto conmemorativo que todos los gobiernos democráticos tienen bien aprendido, y en todo caso, al que le prestan mayor o menor atención según su ideología y según el clima político, pero que es completamente ineficaz para resolver el conflicto, llegando en ocasiones a afectar el paciente y silencioso trabajo de la diplomacia. Salvo que en realidad, dirigentes, pensadores y especialistas hayan entendido que la solución consiste en prolongar el conflicto *sine die*, siempre y cuando sea funcional para criticar al adversario político interno o concitar apoyos circunstanciales.

38

Malvinas, Argentina, el Atlántico Sur: el futuro

Ahora que terminan este viaje como lectores, ¿dónde empezarían a contar la historia de las islas Malvinas? ¿Qué cosas tendrían en cuenta? ¿Es una historia antigua, de casi cinco siglos? ¿Es la historia de una colonización que comenzó hacia 1840? ¿Es la historia de una usurpación desde 1833? ¿Es la historia de una guerra y sus secuelas? ¿Es una historia sin fronteras o, al menos, sin más fronteras que las estelas de los barcos que tomaron a las Malvinas como puerto? ¿O es todas esas historias a la vez?

Si la respuesta es esta última, el esfuerzo consiste en pensar la historia que hemos recorrido como un proceso multisecular de ocupación humana del espacio. El espacio vacío de las islas fue ocupado por europeos y sus descendientes criollos, que, en su avance hacia tierras "vírgenes" desde la perspectiva del capitalismo, no dudaron en exterminar y expulsar a sus primeros pobladores, los pueblos originarios. De esa manera, la Argentina que reclama las Malvinas a Gran Bretaña fue la protagonista sudamericana del colonialismo europeo en los actuales territorios patagónicos, como lo fue Chile al otro lado de la cordillera, o los *kelpers*, bajo dominio británico en Malvinas.

Por supuesto que concebir las cosas así, obliga a pensar la historia de otra manera. Implica una mirada transnacional y regional. Los fueguinos (chilenos y argentinos) tendrían mucho más en común con los malvinenses que con los porteños o santiaguinos. Pero ver las cosas de esta manera choca con lo que aprendemos y enseñamos en las escuelas, y con la lógica estatal-nacional para pensar la historia y las relaciones internacionales.

Es importante tener en cuenta esto, porque, en un mundo cambiante, esta perspectiva que a estas alturas podríamos calificar de "tradicional" es la que orienta el reclamo argentino ante las Naciones Unidas. Y en esa clave es cómo el tema es incorporado por sucesivas generaciones de argentinos. La "cuestión" de las islas Malvinas aún es pensada en primer lugar como una "causa nacional", con el agregado de la sensibilidad social movilizada por una guerra inútil y contraproducente, de la que los combatientes pueden estar orgullosos en el plano individual, pero que significó un retroceso para la Argentina desde el punto de vista diplomático.

Esa combinación nos ha limitado en el pensamiento: declamamos que recuperaremos las islas por la vía diplomática. Quizás es una afirmación que hacemos a la ligera, porque la diplomacia implica "negociación": ambas partes deben obtener algo y, eventualmente, ceder algo. Sin embargo, nuestra retórica sobre Malvinas es binaria: es a todo o nada. Por otra parte, sabemos que son unas islas. Pero ¿entendemos cabalmente que, en tanto islas, debemos incorporar, a cualquier pensamiento al respecto, la variable marítima, es decir, que Argentina es un país oceánico, y no solo pampeano? Limitados por el mandato de recuperación, limitados en nuestra forma de ver el problema, constreñidos por la causa sagrada y los muertos en la guerra, pensamos dentro de ese encierro conceptual un problema ya más que centenario. Esto es enormemente funcional a quienes hacen una política de la declamación de todas estas cuestiones sin intentar modificar nada. Nosotros mismos con nuestra forma de construir nuestra identidad alrededor de las islas, y con nuestras propias acciones, nos hemos encerrado en una situación que solamente favorece a la potencia ocupante.

Argentina ha logrado darle al conflicto una dimensión regional, a partir de llamar la atención sobre la amenaza que para América del Sur implica la presencia de una base militar británica en Malvinas. Ya no se trata solamente de la "usurpación del territorio argentino", sino de una amenaza extranjera a otras naciones que buscan su lugar en el mundo, como Brasil. La amenaza es concreta. Los británicos (aliados de Estados Unidos) consolidan su posición regional a partir de una red de puntos de apoyo, consistente en bases militares y de comunicaciones: la isla Ascensión, Santa Elena, Tristan da Cunha, pero también las islas Malvinas y las Georgias y Sandwich del Sur. Desde esos enclaves, proyectan su control sobre América Latina y África, pero además sobre la Antártida. Ese continente, aún protegido bajo el paraguas del Tratado Antártico (firmado en 1959), es una fuente de agua potable, minerales y recursos naturales tentadora para distintas potencias.

Los movimientos por defender la "autodeterminación" de los isleños o los sinceros deseos de algunos de ellos de crear "la nación más joven del Atlántico Sur" deben ser leídos en este contexto. ¿Significa, entonces, que lo que acabamos de leer borra esa perspectiva más larga que presentábamos al principio?

No. Así como debemos pensar la política británica en el Atlántico Sur en esa clave expansiva (que de todos modos es posible rastrear en la larga duración histórica), la relación argentina con las islas Malvinas también debe repensarse. Por ejemplo, si algunos países, entre ellos Argentina y Brasil, reclaman que el Consejo de Seguridad de las Naciones Unidas, integrado por los vencedores de la Segunda Guerra Mundial, "refleje la realidad del siglo xxi", ¿no podría suceder que esos "cambios" en las Naciones Unidas destinados a reflejar una nueva realidad también impliquen considerar de diferente manera los reclamos isleños por su autodeterminación?

Desde que comencé a investigar sobre Malvinas, a principios de la década de los noventa, me topé con las dificultades propias de un tema en que se mezclan la frustración, el orgullo y el dolor no satisfechos con ninguna explicación. Pero, a pesar de eso, pienso que, si hiciéramos el ejercicio intelectual de imaginar que no tenemos toda la razón, los argentinos podríamos precisar mejor cuáles son nuestros deseos en relación con Malvinas. Podríamos entonces organizar mejor nuestra política hacia Malvinas y estar más atentos a los de sus habitantes. Y, también, estoy seguro de que debemos reflexionar acerca del país que fue a la guerra en 1982 y que emergió de la derrota. Lo mismo podríamos pedirles a los isleños, pero no puedo, en principio, dirigirme a ellos. Escribo, más que nada, para mis compatriotas.

Este libro quiere contribuir a que pensemos de una manera distinta la historia de las islas Malvinas, que es la nuestra. Tengo la certeza de que otros continuarán e irán más allá de los límites que nuestra historia nos impone para reflexionar sobre el problema y que, por comodidad, cobardía o pereza, no transgredimos.

Un nuevo contexto mundial es el escenario en el que Argentina vive su más largo período de continuidad democrática a pesar de estar atravesando una profunda crisis. Aparece un desafío que es una posibilidad, relacionado con la calidad y profundidad de la democracia consolidada desde 1983, que hoy es cuestionada desde el mismo sistema. Es sencillo: para poder fijar una política exterior sobre el archipiélago, Argentina debe volver a pensarlo en el contexto de la política nacional y no continuar cristalizada en el repertorio de quienes imaginan a la nación como eterna en sus límites y sus formas, así como en los valores de sus habitantes. Para poder imaginar cómo recuperar las Malvinas, debemos primero imaginar qué país queremos ser.

Cronología

1492

Arribo de Cristóbal Colón, al servicio de España, a lo que actualmente llamamos *continente americano*.

1494

Por el tratado de Tordesillas, España y Portugal se reparten el mundo aún por descubrir, para evitar conflictos de intereses. Una línea imaginaria (la "raya"), 370 leguas al este de las islas de Cabo Verde, establecía la división.

1520

Posible avistaje de Malvinas por parte de marinos desertores de la expedición de Hernando de Magallanes.

1600

El holandés Sebald de Weert avista un archipiélago perteneciente a las Malvinas.

1690

El capitán John Strong realiza el primer desembarco registrado en Malvinas. Bautiza *Falkland Sound* al actual estrecho de San Carlos.

1764

Louis Antoine de Bougainville funda Port Louis, en la isla Soledad.

1765

El comodoro Byron toma posesión de las islas en nombre de la Corona británica.

1766

Los ingleses fundan Port Egmont, en la isla Saunders (Gran Malvina).

1767

La Corona francesa reconoce la soberanía española sobre las islas Malvinas y entrega la colonia fundada por Bougainville a las autoridades españolas de Buenos Aires. El francés fue indemnizado. Port Louis es rebautizado *Puerto Soledad*.

1770-1771

Los españoles expulsan a los ingleses de Port Egmont. Ante la amenaza de guerra, ambas partes acuerdan la devolución de las instalaciones con el compromiso (la "promesa secreta") de que finalmente el asentamiento será abandonado por Inglaterra.

1774

Los ingleses evacuan Port Egmont, pero mantienen su reclamo de soberanía: según sus fuentes, por motivos de economía; según otros autores y de acuerdo con la versión argentina, en cumplimiento del pacto secreto.

1776

Creación del Virreinato del Río de la Plata, con capital en Buenos Aires, en el marco de las reformas borbónicas.

1790

Documentos españoles denuncian la abundante presencia de naves extranjeras en las costas australes patagónicas y de Malvinas.

1806-1807

En dos ocasiones en que intentan invadir y ocupar el puerto de Buenos Aires, los británicos son derrotados y expulsados.

1811

Los españoles abandonan las islas Malvinas, que habían ocupado de manera permanente durante más de cuarenta años, debido a la amenaza de las fuerzas de Buenos Aires tras la Revolución de Mayo.

1820

David Jewett, en nombre del gobierno de las Provincias Unidas, reafirma la soberanía de estas sobre las islas. Para ese momento, el archipiélago ya era bien conocido por marinos de muchos países como zona de caza de lobos y elefantes marinos, refugio para los balleneros y barcos que seguían hacia la Antártida o doblaban el cabo de Hornos.

1825

Gran Bretaña reconoce la independencia de las Provincias Unidas del Río de la Plata, sin mención alguna a las islas Malvinas.

1826

Luis Vernet, comerciante hamburgués radicado en Buenos Aires, desembarca en Malvinas para ponerse al frente de un proyecto comercial y de colonización.

1829

El gobierno de Buenos Aires nombra a Vernet comandante político y militar de las Malvinas. Vernet funda una colonia en las islas, en la que se instala con su familia y otros pobladores de distintas nacionalidades, e impulsa la actividad ganadera mientras busca regular las actividades pesqueras de decenas de embarcaciones, sobre todo estadounidenses e inglesas.

1831

La *Lexington*, un buque de guerra estadounidense, arrasa la colonia de Puerto Soledad en represalia por la detención de barcos loberos de esa nacionalidad por parte de Vernet. En Buenos Aires, meses antes, el representante inglés había protestado por el nombramiento de Vernet.

1832

Asesinato de Esteban Mestivier, enviado por el gobierno porteño para restablecer el orden y la autoridad en Puerto Soledad.

1833

James Onslow, al mando del buque de guerra británico *Clio*, expulsa a las autoridades argentinas, representadas por Federico Pinedo, comandante de la goleta *Sarandí*, y reclama las islas Malvinas para Gran Bretaña. Darwin visita las Malvinas a bordo del *Beagle*.

Incidentes en Malvinas protagonizados por los seguidores del gaucho Rivero. Asesinato de representantes de Vernet y otros extranjeros, hecho en el que algunos ven un acto de resistencia a la ocupación. Para la fecha, las Malvinas están acéfalas.

1842

Asume Richard Moody, primer gobernador británico de las islas Malvinas.

1845

Fundación de Port Stanley.

1851

Fundación de la Falkland Islands Company (FIC).

1884-1885

La "querella de los mapas". Argentina propone llevar la controversia por Malvinas a un arbitraje internacional.

1885
El gobernador de Santa Cruz, Carlos Moyano, llega a Malvinas en busca de colonos y ovejas, y encuentra además a quien sería su esposa, Edith.

1910
Paul Groussac publica *Les Îles Malouines: nouvel exposé d'un vieux litige.*

1914
Batalla naval de las Malvinas: el 8 de diciembre una flota británica destruye a otra alemana. En las islas ese día es feriado ("Día de la Batalla").

1960
Resolución 1514 (XV) de las Naciones Unidas: "Declaración de la independencia a los países y pueblos coloniales".

1964
Primer vuelo de Miguel Fitzgerald a las Malvinas.

1965
Resolución 2065 (XX) de las Naciones Unidas, por la que reconocen que hay una disputa de soberanía por las islas Malvinas entre la Argentina y el Reino Unido, e invitan a ambos países a negociar para resolverla.

1966
Secuestro de un avión y desvío a Malvinas por parte de los miembros del Grupo Cóndor, que al aterrizar izan la bandera argentina y rebautizan Port Stanley con el nombre de *Puerto Rivero.*

1968
Intentos fallidos de entendimiento establecidos en un memorando, rechazado por los isleños.

1971
Acuerdos firmados entre el gobierno argentino y el británico ("Declaración sobre comunicaciones entre el territorio continental argentino y las islas Malvinas") bajo fórmula de soberanía, para avanzar en el establecimiento de vínculos entre las islas y la Argentina. Esto implica el establecimiento de vuelos, y acuerdos postales y telefónicos.

1972
El gobierno argentino construye una pista de aterrizaje en Malvinas. En el marco de los acuerdos, a las islas llegarán maestras bilingües, los niños isleños tendrán becas para estudiar en la Argentina, y con un documento especial los *kelpers* podrán entrar y salir libremente de las islas.

1974

Propuesta británica de condominio de las islas al gobierno de Perón. Este ordena aceptar, pero muere antes de que las negociaciones se concreten.

1976

Misión de Shackleton a las Malvinas presenta un informe sobre sus perspectivas y aconseja no ignorar a la Argentina en ningún desarrollo. Golpe de Estado en la Argentina. Resolución 31/49 de la ONU en la que insta a las dos partes en la disputa a no introducir modificaciones unilaterales en la situación del archipiélago.

1979

Margaret Thatcher asume como primera ministra en Gran Bretaña.

1980

La visita de Nicholas Ridley a las islas, donde menciona la idea de un condominio, genera manifestaciones de rechazo. Por otra parte, el gobierno militar argentino no acepta la propuesta.

1982

Una fuerza argentina desembarca en Malvinas, expulsa a las autoridades inglesas y recupera transitoriamente las islas para la soberanía argentina. Los británicos envían una flota para volver a expulsarlos y se inicia un conflicto armado conocido como *guerra de Malvinas*, entre abril y junio. Mueren más de mil personas entre ambos bandos.

1983

Los *kelpers* pasan a ser ciudadanos británicos plenos.

1985

Inauguración de la base militar de Mount Pleasant. Los isleños estrenan Constitución.

1989

"Paraguas de soberanía" para avanzar en acuerdos de colaboración y restablecer relaciones diplomáticas entre Argentina y el Reino Unido.

1990

Vuelos semanales entre Chile y Malvinas. Los argentinos pueden visitar las islas otra vez. Acuerdos de pesca entre argentinos y británicos, con participación isleña.

1995

Declaración conjunta para la exploración y explotación hidrocarburífera.

2005

El gobierno argentino denuncia los acuerdos de colaboración en pesca e hidrocarburos por incumplimientos por parte británica.

2010
Anuncio del hallazgo de petróleo en Malvinas.

2012
Publicación oficial del informe Rattenbach en la Argentina. Pedido a la Cruz Roja para que colabore en la identificación de los NN argentinos enterrados en Malvinas.

2013
Referéndum isleño para expresarse por "sí" o "no" acerca de seguir bajo la administración británica, no reconocido por la Argentina.

2014
Inauguración del Museo Malvinas e Islas del Atlántico Sur en el Espacio Memoria y Derechos Humanos, ex ESMA, en la ciudad de Buenos Aires.

Bibliografía

Breve advertencia

La bibliografía sobre las islas Malvinas es muy abundante. Está pendiente estudiar aún en qué momentos, por lo menos desde la perspectiva argentina, hubo mayor producción al respecto y relacionarlo en profundidad con nuestros cambiantes contextos políticos. Aquí consigno los principales libros en los que me he basado para escribir este texto. Privilegié los que son de relativamente fácil accesibilidad, para aquellos que tengan interés en profundizar en el tema. Asimismo, incluí lo que podríamos considerar las dos "versiones oficiales de divulgación" más recientes.

Academia Nacional de Historia (1966), *El episodio ocurrido en Puerto de la Soledad de Malvinas el 26 de agosto de 1833. Testimonios documentales*, Buenos Aires.

Balza, Martín (2003), *Malvinas. Gesta e incompetencia*, Buenos Aires, Atlántida.

Bandieri, Susana (2005), *Historia de la Patagonia*, Buenos Aires, Sudamericana.

Caillet-Bois, Ricardo (1982), *Una tierra argentina. Las islas Malvinas*, Buenos Aires, Academia Nacional de la Historia.

Canclini, Arnoldo (2000), *Malvinas. Su historia en historias*, Buenos Aires, Planeta.

— (2007), *Malvinas 1833. Antes y después de la agresión inglesa*, Buenos Aires, Claridad.

Falkland Islands Government (2013), *Our Islands, Our History*, Port Stanley.

Goebel, Julius (1982), *The Struggle for the Falkland Islands. A Study in Legal and Diplomatic History*, New Haven y Londres, Yale University Press.

Gott, Richard (2013), *El Imperio británico. Resistencia, represión y rebeliones. El otro lado de la historia*, Buenos Aires, Capital Intelectual.

Guber, Rosana (2001), *¿Por qué Malvinas? De la causa nacional a la guerra absurda*, Buenos Aires, FCE.

Haller, Sofía (2022), *Balleneros, loberos y guaneros en Patagonia y Malvinas. Una historia ambiental del mar (1800-1914)*, Buenos Aires, Sb Editorial.

Kohen, Marcelo y Rodríguez, Facundo (2015), *Las Malvinas entre el Derecho y la Historia. Refutación del folleto británico "Más allá de la historia oficial. La verdadera historia de las Falklands/ Malvinas"*, Salta y Buenos Aires, EUnSa y EUDEBA.

Lorenz, Federico (2009), *Malvinas. Una guerra argentina*, Buenos Aires, Sudamericana.

— (2012), *Las guerras por Malvinas (1982-2012)*, Buenos Aires, Edhasa.

— (2013), *Unas islas demasiado famosas. Malvinas, historia y política*, Buenos Aires, Capital Intelectual.

— (2022), Malvinas. Historia, conflictos, perspectivas, Buenos Aires, Sb Editorial.

Muñoz Azpiri, José Luis (1966), *Historia completa de las Malvinas*, Buenos Aires, Editorial Oriente, 1966. Tres tomos.

Picco, Ernesto (2020), *Soñar con las Islas. Una crónica de Malvinas más allá de la guerra*, Rosario, Prohistoria ediciones.

Presidencia de la Nación Argentina, *Informe Rattenbach*, disponible en línea: <www.casarosada.gov.ar >.

Sagasti, Luis (2011), *Perdidos en el espacio. Un ensayo sobre el fin de la Historia en la Argentina*, Buenos Aires, Capital Intelectual.

Smith, John (1989), *Those were the Days*, Bluntisham, Bluntisham Books.

Speranza, Graciela y Cittadini, Fernando (2005), *Partes de guerra. Malvinas 1982*, Buenos Aires, Edhasa.

Spruce, Joan (1992), *Corrals and Gauchos. Some of the People and Places Involved in the Cattle Industry*, Bangor, Peregrine Publishing.

Terragno, Rodolfo (2006), *Historia y futuro de las Malvinas*, Buenos Aires, Librería Histórica.

Tesler, Mario (1971), *El gaucho Antonio Rivero. La mentira en la historiografía académica*, Buenos Aires, Peña Lillo.

Winograd, Alejandro (2012a), *Ballenas y balleneros de la Patagonia*, Buenos Aires, Edhasa.

— (2012b), *Malvinas. Crónicas de cinco siglos*, Buenos Aires, Ediciones Winograd.

Wright, Michael (2006), *The Company. The Story of the Falkland Islands Company*, Colchester, Nisbet Media Ltd.